スクスク伸びる上級日本語講読

이계옥 저

J&C
Learning Special
Publishing Corporation

머리말

일본어를 공부하는 여러분

본 교재는 일본어를 1년이상 공부한 학생을 대상으로 만들었습니다. 일본어 능력 2급이상을 목표로 어휘 실력과 독해능력 향상을 목적으로 하였습니다.

상급수준의 독해를 위해서는 다양한 문장에 접하는 것이 요구되기에, 본문은 일본 読売新聞社説과 日本語練習帳(大野晋著), 日本人の表

現力と個性(熊倉千之), 愛に生きる(鈴木慎一), おしゃれトーク(熊井明子), 心(夏目漱石), 朝鮮語のすすめ (渡辺吉鎔＋鈴木孝夫), 歌から学ぶ日本語(アルク)등에서 발췌하였으며, 정확하며 자연스런 한국어 번역을 위한 상급수준의 문법 지식이 필요하다고 생각되기에 문법관련 사항은 專門教育出版에서 나온 동사 부사 접속사 조사 명사 조동사 및 外国人のための日本語例文・問題シリーズ(荒竹出版) 교재에서 발췌하였습니다.

일본어 능력 2급 이상의 실력을 기르고자 하는 분에게 많은 도움이 되기를 바랍니다.

2005년 1월

이 계옥

<目　次>

1
説明文を読む

江戸時代になると、幕府は、国を治めるためにも経済の繁栄のためにも道が重要であると考え、古い道を整備し、新しい道を開くことに力を注いだ。街道には、一里(約四キロメートル)ごとに、遠くからでも見える大きな塚を造った。塚を目印にして、人は歩いたきょりを知ることができた。道の両側には、すぎや松の木を植えた。それらの木々は、冬の冷たい風と、夏の強い日ざし

を防いだ。また、二里くらいの間隔で宿場を設けて、荷物を運ぶ人と馬とを用意した。

人々は、安心して旅を続けることができるようになった。すると、旅人を相手にする宿屋・茶店のほかに、かごや馬で人を運ぶ商売などもさかんになって、道はますます活気づいてゆく。

必要にせまられて旅をする人だけではなく、楽しみで旅をする人も出てきた。寺や神社へお参りする旅もそうで、お参りに行く道を歩きながら、人々は、美しい風景や人の情けに触れて心がなごみ、自分の住んでいる村にはない、暮らしのちえなども知った。

また、道に沿った所に住む人々も、旅人や旅芸人や行商人から、世間のできごとやめずらしい話を聞いたり、薬などの生活に必要な品物を手に入れたりすることができた。道は、通っていく人と住んでいる人とがふれ合う、貴重な場所でもあったのである。

住む人の生活の場として生きていた町の道、住む人と通り過ぎていく人がふれ合った道－これが、長く続いていた道の姿であった。

明治時代になると、道は変わっていった。人と、荷物を負った牛や馬が歩くだけだった道に、人を乗せて走る人力車が現れ、大勢の人を乗せた大型の馬車も、風のように走るようになった。それは、文明の開化を告げる明るい光景であったことだろう。けれど、人と道との結びつきは、そのころから少しずつ失われ始めたのである。

自動車が初めて輸入されたのも、明治時代だった。それから九十年ほど後の今は、まさに車の時代である。トラックが物を運ぶ主役であり、乗用車が人々の生活用具になっている。おかげで、物の輸送が容易になり、人々は快適に、しかも速く、目的地へ行けるようになった。

こうした時代にふさわしい道として、高速道路が次々と造られた。けれど、わたしたちの周りの道は、車があふれるように行き来し、車だけの通路になっていることが多い。そこには、生活の場として生きていた道の姿はない。

§ 接続表現　並べて言う

及び、並びに、かつ、おまけに、そのうえ、もしくは、あるいは、ないし(は)、それとも

例文で使い分けを整理しよう

および	男は、強盗**および**殺人の疑いで逮捕された。
ならびに	卒業生の皆さん**ならびに**父兄の方々、ご卒業おめでとうございます。
かつ	彼の話はおもしろく、**かつ**役に立つ。
おまけに	とても蒸し暑い。**おまけに**風もない。◆
そのうえ	きのうから風邪で熱がある。**そのうえ**歯も痛くなってきた。
もしくは	出席できないときは、手紙**もしくは**電話でご連絡ください。
あるいは	進学しようが、**あるいは**就職しようか迷っている。
ないし(は)	入学資格は高校卒業、**ないしは**それと同等の実力のある者。
それとも	コーヒーにしますか。**それとも**紅茶にしますか。

☞このポイントを押さえておこう

◆◆◆　「**および**」「**ならびに**」は名詞または名詞句を結び、入れかえられる場合が多いが、上のような決まった言い方の場合は「ならびに」を使う。硬い表現。両方を一つの文の中で使う場合は、より近い関係のものを「および」で結ぶ。<例>氏名**および**住所、**ならびに**勤務先をご記入ください。

◆　「**かつ**」は句、語を結び、一つのものについて複数のことがらを述べる。硬い表現。「**おまけに**」「**そのうえ**」は一つでも十分なのにそれに何かが加わるとき。「おまけに」は口語的。「そのうえ」はやや硬い表現。

◆　最後の四つは選択するものを並べるときに使う。「**ないし**」は疑問文を結ぶときや、両方を選択できるときは使えない。ある範囲の上限と下限を言うときは使える。「**それとも**」は疑問文を結ぶときに使われる。「もしくは」と「**あるいは**」は入れかえられることが多い。

2

物語を読む

「お父さん、もっといいものが焼いてみたくないの。」
むすこの楊は、しきりにこんなことを言うようになった。
(どうして、お父さんは、ふだん使うような焼き物ばかり焼いて……。それで満足しているんだろう。)
楊には、それがふしぎだった。
人から特にたのまれて、父親が、火焔紅のような、はなやかなかざりつぼを焼いたのは、たった一度しかなかった。
(お父さんは、どうして、使う焼き物ばかり、精こんこめて作っているのだろう。焼き物そのものを観賞できるのが、ほんとうの値打ちのあるものではないだろうか……。)
楊がそのことを口にすると、父親は笑って言った。
「何かに使うからといって、値打ちは下がりはしないよ。」
楊は、はぐらかされたような気がして、だまった。
ろくろを自由にひけるようになってからは、楊は、父親にできないことを、今に自分がするのだと、いつも心に思っていた。
　若者に成長した楊は、父親から教えてもらいながら、熱心に仕事にはげんだ。
土もみ台の厚い板の上で、楊は、力をこめ心をこめてつちをもむ。
両方のうでから手のひらへ、体の重みを移していきながら、つちの大きなかたまりを練ってもむのである。百回も二百回もくり返すうち、楊の顔は真っ赤になり、冬でもあせがにじんでくる。土もみ台はきゅうきゅうきしみ、つちはきたえられて、弾力性のある温かいかたまりに変わっていく。すると、楊はつちにいのちが通いだすのを感じるのであった。父親は、自分のむすこの体に、生まれながら、陶工の血が流れていることを知った。
毎日、楊は、ろくろの前にすわり続けた。
　ろくろがこまのように回り始めると、楊の心の中に、何か、するどいかんのようなものが働いてくる。楊は、いっきにつちを引き上げ、思うままの形をたくみに作り出す。手の温かみからつちがくずれる寸前に、きりりと仕上げるさまは、ろくろの名人といってもいいほどだった。
しかし、そうしてできたつぼを見ても、父親が手放しでほめたことは一度もなかった。
「おまえのつぼは厳しすぎるな。」ぽつんと、そんなふうに言ったりした。
「厳しすぎる・・・。どういうことですか。」
「生まれてきたつぼは、どれにもみんな、性質があるのだよ。それを作った者の心、そのものといってもいい。
おまえのつぼは・・・。豊かさとか、なごやかさとは、ほど遠いよ。自分をおし出しすぎている。」

§ さえ(さえも、でさえ、でさえも)

1. 極端な例をあげて他は言うまでもないことを表すときに使う「さえ」
2. 物事がさらに進んだ状態まで達することを表すときに使う「さえ」

例 文

1. 極端な例をあげて他は言うまでもないことを表すとき

こんな難しい問題は大学の先生**でさえ**できないだろう。

20年前のパーティーのメニュー**でさえも**彼女は覚えている。

2. 物事がさらに進んだ状態まで達することを表すとき

雨だけでなく風**さえ**吹いてきた。

ひらがなも読めなかったのに、今は新聞**でさえ**読めるようになった。

§ だに

極端な例をあげて他は言うまでもないことを表すときに使う「だに」
(「ない」といっしょによく使う。「すら」より文章語的)

例 文

ここであなたに会えるなんて想像**だに**しなかった。

あの子がこんなに有名になるとは夢に**だに**思わなかった。

研究ノート

極端な例をあげて強調するものをまとめてみましょう。

ここであなたに会うとは夢**にも**思わなかった。

彼は子供が知っていること［**だって** / **さえ** / **すら** / **でさえ** / **ですら** / **さえも** / **すらも** / **ですらさえも**］知らなかった。

3

女性と仕事

1986年に男女雇用機会均等法が施行されて10年あまりたち、女性の社会進出はめざましくなっています。しかし、雇用分野によっては男女差別が依然としてあります。1999年に男女雇用機会均等法、労働基準法、育児・介護休業法の3法が一部改正されます。

この改正には女性に対する募集、採用、昇進、配置について

「差別を禁止」すること、悪質な企業の名前を公表すること、セクシュアル・ハラスメント防止のための「事業主の配慮義務」などが盛りこまれます。

労働基準法では、今まで新聞記者などの専門職以外の人には原則禁止だった女性の時間外、休日労働、深夜業の規制が撤廃されます。

今回の法改正は女性にとって一歩前進です。しかし、いまだに「女性は家庭を大事にして欲しい」という男性、企業の雇用習慣や税制などが、女性が本格的に仕事をするときの大きな壁になっています。

1997年「国民生活白書」によると、サラリーマンの妻が社会に出て働いている割合は55年の10.0%から88年には31.8%、95年には45.7%に上昇して、96年には専業主婦数を上回りました。しかし、雇用の形態は家事や育児との両立ができるパートタイムが多いのです。パートタイマーとして働く人は増えましたが、男女の賃金格差は縮まっていません。女性は、まだ低賃金労働力の対象として見られることが多いのです。

しかし、総合職では男女の賃金格差はなくなり、女性の能力も認められつつあります。学歴が高くなるほど男女の賃金格差は少なくなりますが、日本の女性がその高学歴の能力を生かすチャンスはまだまだ少ないのです。

男女雇用機会均等法 ……… 男女雇用機会均等法をはじめとして、女性をとりまく社会制度は急速に変化しています。

労働基準法 ……………………… 労働基準法で労働時間は週40時間になりました。

育児・介護休業法 ………… 少子化、高齢化が進む中で、労働者が仕事と育児や家族の介護とを両立できるように、育児・介護休業法が作られました。

セクシュアル・ハラスメント ……… セクシュアル・ハラスメントされても泣き寝入りしない女性が増えてきました。

事業主 …………………………… 従業員は事業主に申し出て子供が1歳になるまで育児休業することができます。

休日労働 ………………………… 休日労働で日曜日でも会社へ行かなければなりません。

深夜業 …………………………… 深夜業で24時まで働きました。

雇用習慣 ………………………… 日本の雇用習慣はまだ男性上位です。

税制 ……………………………… 所得税の非課税限度額(103万円)が、働く女性の就業時間や収入を一定の範囲内に抑える働きをしています。

壁 ………………………………… 女性の社会進出に保育環境の壁があります。

上昇 ……………………………… もう賃金の上昇は望めません。

専業主婦 .... 彼女は専業主婦なので社会に勤めていません。
形態 .... 日本の流通形態は複雑です。
家事 .... 掃除、洗濯、料理の家事で忙しい毎日です。
育児 .... 育児で忙しくて、友達と会ったり映画を見に行ったりできません。
両立 .... 勉強と仕事を両立させなければなりません。
パートタイム .... 子供が大きくなったのでパートタイムの仕事をしています。
賃金格差 .... 男女雇用機会均等法が施行されても男女の賃金格差はなくなりません。
低賃金労働力 .... 不況の時、企業は低賃金労働力の利用を考えます。
総合職 .... 4年制大学卒の女性を男性と同じに扱う総合職制度が定着しました。

【関連語句】

・彼女は腰掛け的にちょっとA社に勤めました。
・女性はまだ「お茶くみ」やコピーとりなどの補助的な仕事もします。
・早く見習いから正社員になりたいです。
・官庁や学校の先生は男女格差は少ないです。
・日本の有力企業の全役員の中で女性が占める割合は、わずかに0.18%、550人に1人にすぎません。日本企業の男性優位ぶりを示しています。
・国会議員の場合は衆議院で4.6%、参議院で13.4%を女性が占めるだけです。
・日本では完全週休二日制の普及率が低いです。
・日本の年間実労働時間の長いことは内外で問題になっています。
・田中さんは女性でも、大学教授の肩書きがあります。
・キャリアウーマンとして大企業で働きたいです。
・教育、福利厚生、定年、退職、解雇などでの男性差別が少なくなりました。

§ 何かをする時

(の)折に ・ (の)際に ・ (の)節に ・ 上で

(の)折に

意味　する時に(あらたまった表現)

例文　退院**の折に**は色々お世話になりました。

　　　上京した**折に**浅草まで足をのばした。

(の)際に

意味　する時に(あらたまった表現)

例文　出社**の際に**はかならず身分証明書を提示のこと。

　　　帰郷する**際に**家族への土産をわすれないように。

(の)節に

意味　する時に(あらたまった表現)

例文　こちらにお越し**の節に**は、是非我が家にもお立ち寄り下さい。

　　　本を出版する**節に**は皆様にお世話になりました。

上で

意味　する時に(あらたまった表現)

例文　彼は仕事をする**上で**障害となるものは、その都度切り捨てて来た。

　　　面接をする**上で**特に気をつけることはありませんか。

§ 接続助詞 つつ

＊「つつ」は文章語的
1. **一つの動作と同時にもう一つの動作をすることを表すときに使う「つつ」**
2. **逆接に使うときの「つつ」**(「も」を伴うこともある)
3. **あることが進行・継続中であることを表すときに使う「つつ」**
(「つつある」の形で)

例文

1. 一つの動作と同時にもう一つの動作をすることを表すとき

本に書いてあることをよく理解し<u>つつ</u>読んでいきなさい。
(=しながら)

久しぶりの母の料理を味わい<u>つつ</u>食べた。(=味わいながら)

2. 逆接に使うとき

いけないことだと知り<u>つつ</u>またお酒を飲みすぎてしまった。
(=知りながら、知っているのに)

解き方がわかってい<u>つつ</u>も時間がなくて最後までできなかった。
(=いながら、いるのに)

3. あることが進行・継続中であることを表すとき

中学生のむすこは今背が伸び<u>つつ</u>ある。(=伸びているところです)

わたしの国は今発展し<u>つつ</u>あります。(=発展しているところです)

4

「普通の授業」の改善につなげたい

大学教育評価

教育の場で、教育が重視される。当たり前のことが、ようやく現実化しつつある。

文部科学省が、大学などの優れた教育を財政支援する「特色ある大学教育支援プログラム」の対象校を初めて選定し、発表した。多くの大学で、教育に対する取り組みが十分でなかったことは、以前から指摘されてきた。教員に研究偏重の傾向があったことや、産業界が大学教育を軽視していたことが影響している。

だが、企業内での教育に限界が指摘されるようになり、大学教育への要請が高まっている。学生の意識も変化し、自主的に学ぶ場として大学を位置付けていては、授業も成り立ちにくくなった。

教育を軽視していては、大学は社会が求める役割を果たせない。支援プログラムを、それぞれの大学の教育改革の契機としなければならない。

選ばれた取り組みは、多種多様だ。大学院での最先端の研究を、一、二年生の教養教育に取り入れている大学がある。一方で、学生に学習意欲を持たせるため、企業などでの体験活動を重視している大学もある。

学部の枠を超えた幅広い履修を進めている総合大学もあれば、徹底した語学教育に生き残りを賭ける短大もある。多様な取り組みは、学生の学力レベルや置かれた環境、社会から期待されている役割などが、大学によって異なっていることを示している。

すべての大学、短大が、それぞれの条件に応じた教育のビジョンを明確に打ち立て、それに基づく授業の工夫を重ねることが必要だ。それによって受験生は、偏差値やブランドだけでなく、教育の質で大学を選べるようになる。

支援プログラムに応募するため、全学的な教育内容の洗い直しを実施した大学も少なくない。そうした試みを大切にしたい。教育を個々の教員まかせにし、全学的な方向付けに欠けるのが、これまでの大学の弱点だった。

今回の支援プログラムは、昨年から始まった研究評価に続くものだ。三百人近い研究者が評価に当たった。第三者評価が定着しつつあるのは喜ばしいが、すべての分野を一緒に審査する難しさが、関係者からも指摘されている。

評価の基準作り、基礎になるデータの蓄積、選定した実践の成果の検証など、信頼される評価体制の構築にさらに努めねばならない。

選定された実践には、先端的な取り組みが多い。これを、普通の授業の改善にどうつなげるか。「点」から「面」への広がりが、今後の課題となる。

§ 逆接

にもかかわらず、ものの、つつも、ながらも、たところで

にもかかわらず

意味　～ても／～に関係なく

例文　前もって言っておいた<u>**にもかかわらず**</u>、彼はまだ何にも手をつけていなかった。

激しい雨<u>**にもかかわらず**</u>、本日は皆様にお集まり頂きまして誠に有難うございます。

ものの

意味　～のに(物事が先に進まない)

例文　旅行のプランをたててはみた<u>**ものの**</u>、いっこうに参加者が集まらない。

パソコンを買ってはみた<u>**ものの**</u>、いつまでたっても使いこなせない。

つつも

意味　～ているのに(つい／あえて～)

例文　体に悪いと知り<u>**つつも**</u>ついたばこを吸ってしまう。

危険なことだと思い<u>**つつも**</u>あえてまた冬山登山に挑戦した。

ながらも

意味　～ているのに(つい／あえて～)

例文　嘘だと知り<u>**ながらも**</u>、結局相手の口車に乗せられてしまった。

雨に降られ<u>**ながらも**</u>、彼女はじっと彼の帰りを待っていた。

たところで

意味　～てみても(結果が期待できない)

例文　今更あやまった**たところで**許してもらえないだろう。

我々の要求を会社側に出し**たところで**、どうせ握りつぶされてしまうだろう。

5

企業の意思決定

どのようにして、日本は数々優れた製品を開発し、非常に綿密な企業戦略を立案してきたのでしょうか。その謎を解くために、稟議制度を紹介してみましょう。

日本の企業の意思決定は、集団によるのが特徴です。まず、担当者の案を文書(稟議書)にして係長、課長、部長と下から上へ順次、承認をもらっていきます。そして、最後に最高責任者の決裁をもらい最終決定がなされます。この制度を稟議制度といいます。文書の承認は捺印によって示されます。ですから、文書には最終的にはたくさんの印(はんこ)が並ぶことになるのです。この制度のもとで、優れた意見が取り上げられ、画期的な技術革新が次々と実現されてきました。日本人の集団の力は、このシステムにおいて最大限に発揮されたのです。

しかし、この稟議制度の欠点は、責任の所在がはっきりしないことと、意思決定までに時間がかかるということです。長所は一つの案に対して、関係する多くの人から意見を聞くので、よりよい意思決定ができることです。この制度は多くの企業、官庁などで採用されています。

また、日本の企業の意思決定の方法としては、稟議制度と共に会議方式もよく取り上げられます。企業の重要事項は役員会で論議を重ねて決めますが、職場での問題解決でも、たとえば、品質やサービスの向上、職場環境の改善などは、職場内で討議を繰り返して、練り上げてから上部に吸いあげられます。この会議方式の利点は、多くの人が意思決定に関与することによって、よりよい決定ができることにあります。ここでも日本人の集団の力の長所がうまく機能していると言われています。

商談のとき、自分一人で決められず「のちほど、上司と相談してご返事します」ということがあります。これは個人に決断力がないからというよりも、むしろ日本の企業の意思決定は集団で慎重になされるので、その場での返事が保留されるからにほかならないのです。

§ 敬語

用 法

「お～ください」は、目上の人に対して敬意を持って依頼することを表します。
「お～になる」は、目上の人の行為を敬意を持って述べることを表します。
「お～する」は、目上の人に対して自分の行為を低くして述べることを表します。

接 続

動詞の「ますの形」に続きます。ただし、「ますの形」が一音節のとき(来ます、見ます、ねます・・・など)は使えません。
原則的に音読みの二字漢字に使う場合は「お」が「御」になります。
(例)「ご案内します」

(1) **お～ください**

どうぞ**お**はいり**ください**。
ゆっくり**お**休み**ください**。
みなさまで**ご**相談**ください**。

(2) **お～になる**

社長は**お**帰り**になり**ました。
校長先生はもう**お**話し**になり**ましたか。
ご使用**になっ**たお皿はこちらへ。

(3) **お～する**

社長、お荷物は私が**お**持ち**します**。
こんどわたしの家へ**ご**招待**します**。
どちらへ**お**とどけ**しましょ**うか。

よく使われる敬語

です

〔　尊　敬　〕

でいらっしゃいます

あの方が社長でいらっしゃいます。

いつまでもお若くていらっしゃいますね。

ピアノがお上手でいらっしゃいます。

〔　謙　譲　〕

でございます

私が父でございます。

うれしゅうございました。
うれしい→うれしゅう
たかい→たこう
おもい→おもう　etc.
(音便変化)

家族は元気でございます。

ています

て(で)いらっしゃいます

何を読んでいらっしゃいますか。

て（で）おります

雑誌を読んでおります。

お（ご）~になります

→ お（ご）~になられます

いつお帰りになられますか。

お（ご）~します

→ お（ご）~いたします

お荷物をお持ちいたします。

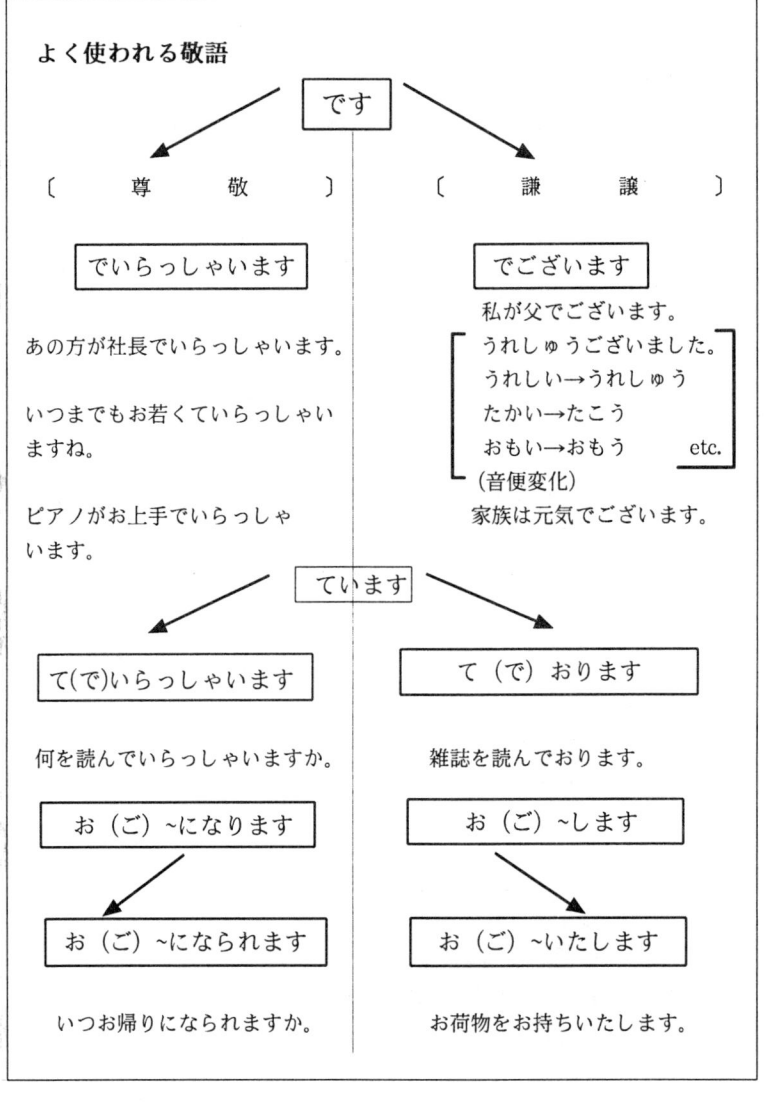

§ が と の

名詞を修飾する文中の主語の「が」 ⇐ ⇒ 名詞を修飾する文中の「の」

例 文

わたしは(あなた**が**くれた)本が大好きだ。 ⇒ わたしは(あなた**の**くれた)本がだいすきだ。

整 理

名詞を修飾する文中の主語を示す「が」が「の」にかえられる。

チェック

あなたが言った言葉が忘れられない。 ⇒ あなた(　)言った言葉が忘れられない。

研究ノート

助詞の「の」と形式名詞の「こと」の使いわけ

名詞化で用いる「の」と「こと」は置きかえられます。

歌うのが好きです。 ⇐ ⇒ 歌うことが好きです。

しかし、感覚動詞の前では「の」は「こと」に置きかえられません。

歌う**の**が聞こえます。 (O)

歌う**こと**が聞こえます。 (X)

§ととたらとば

いつもそうなる「と」 普遍的条件 (辞書形＋と)	⇐ ⇒	何かをした時にそうなる「たら」 一回生の条件 (て形＋たら)	⇐ ⇒	「もし～たら」の「ば」 非現実の 仮定条件 (仮定形＋ば)

例 文

春になる<u>と</u>桜が咲く。	⇐ ⇒	太陽が西からのぼっ<u>たら</u>あなたと結婚してもいいわ。	⇐ ⇒	お金があれ<u>ば</u>すぐにでも結婚できるのに。

整 理

「と」、「たら」、「ば」は、それぞれに似た用法があって、どれを使ったらいいのか迷います。それぞれの一番典型的な使い方を示してみました。

お金を入れてボタンを押す<u>と</u>タバコが出てきます。(いつも)
お金を入れ<u>たら</u>「つり銭切れ」の表示がついた。(そのときだけ)
小銭があれ<u>ば</u>タバコが買えるのに、両替しておけばよかったなあ。
(ふつうの仮定)

チェック

① 冬になる(　)雪がふります。
② 僕の髪が肩まで伸びて君の髪といっしょになっ(　)結婚しようよ。
③ きょうのパーティー、来れ(　)よかったのに。

6

「マニフェスト」とは言うけれど

マニフェスト(政権公約)という看板を掲げた意義は小さくない。だが、内実が伴っていないのではないか。

本家の英国で言うマニフェストは、政権獲得後に実行する政策の数値目標、達成期限、財源、実行体制などを明示した公約のことだ。今回の衆院選を前に、自民党は「政権公約」、民主、公明など各党は「マニフェスト」を発表した。従来の選挙公約とは一味違う、と言いたいのだろう。

しかし、その内容はどうか。

例えば、自民党は「二〇〇六年度に2%以上の名目成長率を達成する」としている。政府の経済財政諮問会議が一月に示した見通しを引用しただけだ。具体的にどのようにして、その目標を達成するかには、言及していない。

民主党は「現在5%台半ばの失業率を任期中に4%台前半に引き下げる」としている。しかし、その道筋は抽象的な表現にとどまっている。

マニフェストと言うには、ちょっとおこがましい。

英国では、各党のマニフェストの優劣を判断し、達成されたかどうかを「検証する仕組み」が社会的に整っている。

それがない日本では、マニフェストという言葉だけが浮いている。

各党のマニフェストをのぞくと、受益と負担の関係が重要なのに、各党とも財源の裏付けの論議を逃げている。

例えば、社会保障制度に関連して、自民党は、「国民負担率を50%以内に維持し、将来の消費税率引き上げについても国民的論議を行い、結論を得る」とするにとどまった。民主党も年金改革で、財源は「消費税と掛け金の組み合わせ」というだけだ。

これでは有権者がどの程度〝苦い薬〟を飲めばいいのか、判断できない。

党内に異論が強く、実行体制に疑問が残るケースもある。自民党は、郵政民営化について、小泉首相の公約通り「二〇〇七年四月」と年限を入れる一方、「来年秋ごろまでに結論を出す」とし、実現の可能性を玉虫色にしてしまった。民主党は、郵政の「民営化」には、触れてさえいない。

憲法問題では、自民党は、「二〇〇五年に憲法草案をまとめる」「プライバシー、環境など新たな課題に対応する」などとしているが、憲法九条には言及していない。民主党も「論憲から創憲へ」というスローガンにとどまっている。

いずれも国家像が稀薄だ。

ムードに乗ろうとするだけのマニフェストなら、有権者に失望感を与え、一時の流行に終わりかねない。

§ 可能性の表現

強 ↑

可能性の度合	副詞	文末
	かならず/ぜったい/きっと	~する
	かならず/ぜったい/きっと	~するはずだ
	かならず/ぜったい/きっと	~するにちがいない
	かならず/ぜったい/きっと	~するだろう
	たぶん/おそらく	~するだろう
	たぶん/おそらく	~するかもしれない
	もしかしたら/ひょっとしたら	~するかもしれない
	ぜったい	~しないはずだ
	ぜったい	~するわけがない
	ぜったい	~しない

↓ 弱

いっしょに使う副詞(句)によって、可能性の度合がちがってきます。

※「はず(がない)」「ちがいない」「わけがない」は、上級編で扱います。

§「こと」を使ったその他の表現

あら、かわいい犬だこと！ (詠嘆)

なんてすばらしいことだろう！ (詠嘆)

それ見たことか！(わたしの言ったとおりでしょ) (非難)

うちについたら、すぐ電話すること。 (注意事項)

あの人のことだから、きっと忘れているよ。 (確信)

それって、わたしのこと？！ (強調)

旅行の日は１０日になったとのことです。 (伝聞)

かれはもう国へ帰ったということです。 (伝聞)

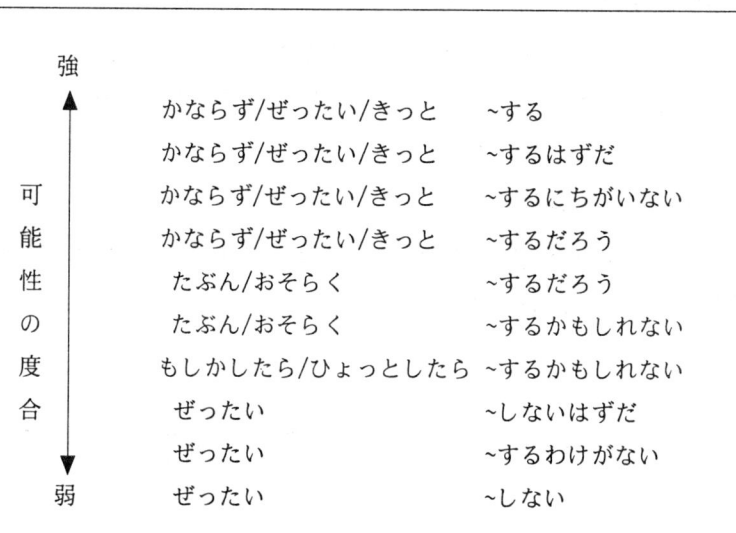

両替はお金をかえるということです。　(説明)

二人はけんかすることもなく、なかよくしています。　(～しないで)

雨の日はかさを忘れることが多い。　(発生頻度)

7
挨拶

挨拶とは何か

洋の東西を問わず、挨拶は一種の儀礼である。すこし体裁をつけて私は「出会いの儀礼」と呼ぶことにする。「辞儀」ということばが「挨拶」とほぼ同義に用いられることからもそれは確かめられる。西洋人が出会いのとき大袈裟に抱き合うのなどは、儀礼以外のなにものでもない。

そして、人はその儀礼を経ることなしには平常の会話を始めることはできないのである。いくら既知の間柄であっても「やあ」とか「おう」とかの挨拶がなければ(かりにそれも省略して、手を上げたり首をちょっと動かしたりの行為で挨拶に替えることもあるが、それも立派な挨拶と見なせる。挨拶行動と呼ぶ。)、話の切り出しようがないはずである。まして初対面であれば、一見空疎で無内容な長い挨拶を交わさなければならない。

つまり、挨拶は、ある人ともう一人の人とが仲間である(仲間になる) ことを表示・確認するための記号なのである。街中や学校で、知り合いに出会えば挨拶をするが、知らない人にはしないという経験がこのことをよく示していよう。だから、もし今まで仲間同士だった者がその縁を切ろうとするなら、相手の挨拶に答えずに横を向いていればよいのだ。文化庁刊の冊子『あいさつと言葉』の中で「『あいさつと言葉』をめぐって」というテーマの座談会があり、そこで芳賀純が、

あいさつというのはどうも相手を仲間に引き入れるか、それとも相手を仲間から遠ざけていくか、その辺のすれすれの概念ではないかとおもいます。

と発言している。そしてそういう作用は人間同士に限ったことではなく、人間対動物、動物対動物にも認められるのだという。犬が飼い主に尻尾を振るのがそれだ。挨拶を一般的・普遍的に捉えようとするならば、およそ次のように考えておけばよいだろう。

挨拶と親疎・距離の関係

挨拶はお互いが仲間であることを確認し、会話を始め、人間関係を進めていく手続として欠かすことのできない「出会いの儀礼」である。しかし、私たちの身近な挨拶のことばや行動を見渡してみると、そのような簡単な規定では律しきれない場合が多いことに気づく。たとえば、朝起きたときもしくは午前中、人と出会ったら「おはよう」「おはようございます」という挨拶をすることになっているが、親子、兄弟、夫婦の間でそのルールがきちんと守られている家庭はどれぐらいあるだろうか。子どもから親に対してはかなり守られているだろうが、そのほかの場合は守られていないことの方が多いのではないか。寝るときの「おやすみ」「おやすみなさい」の方は、ほとんどの家庭で守られているだろう。また、親と子とが昼間に出会ったとき、「こんにちは」と言うだろうか。もし息子が父親に向かって「こんにちは」と挨拶したとしたら、私たちはその二人の間柄になにか普通でないものを感じないではいられないだろう。

親子・兄弟・夫婦はいずれも仲間であることにちがいはない。しかしそういう間柄では手続きに用いられる記号が、他の場合と異なるようなのだ。上の例の範囲で言えば、「出会い」のときには挨拶をしない。ところが「別れ」のときにはほとんどの場合、挨拶を交わすようだ。「いってきます」「いってらっしゃい」がそうだし、上の「おやすみ」もそうである。日本人の家族意識が言語生活にあらわれた例と言えよう。

また別の場面。エレベーターの中で見知らぬ人と二人きりになってしまったとする。その人とはこれから先つきあっていくつもりはない。仲間になる必要はないのである。けれども、数秒、数十秒の間お互いに目をそらし沈黙を守るのは苦痛なので、どちらからともなく「どうも」などと曖昧な挨拶を交し、降りるときには「お先に」と言って別れていく。それで安心しあうことがある。

この場合は、仲間であることの確認や仲間になるための手続きではなく、自分が相手に対して危害を加える意志を持たないことの表明、とでも考えるべきだろう。きわめて動物的な行為である。人がこのような行為に出るのは、今の場合のように、空間が狭く、相手との距離が短い状況においてである。極端な例を挙げれば、道で人にぶつかったら誰でも謝るだろう。これはすでに相手に危害を与えてしまったから謝るのであるけれども、その相手がすぐ目の前にいるから自然に「すみません」と言えるのである。離れている人に危害を加えたのなら、そのまま逃げてしまうこともあるかもしれない。

相手との距離は挨拶行動と確かに関係がある。道の向こうから知り合いの人が歩いてくる。こちらはその人に挨拶しようと思うのだが、どれぐらい近づいたら声をかけてよいのか、頭はどの辺で下げるのか、いつも迷うことである。ごく親しい人なら、遠くから手を振ったり、大声を出したりしてもよかろうが、目上の人だとそれもできない。

このように、挨拶には相手との親疎や距離といった条件が、ことば・動作の選択にかかわりを持ってくるようである。

☞日常生活でよく使われる挨拶のことばを挙げ、それがどういう人に対して用い、という人に対しては用いないか、考えてみよう。

§ おさめる・おさまる

今日、学費を**納める**つもりで、金を封筒に入れて、落とさないように上着の内ポケットに**納めた**。駅で電車に乗ろうとしたとき、降りてきた人と体がぶつかった。学校に着いて学費を払おうとしたら、金がないことに気がついた。きっとあのとき**すられた**にちがいない。大学で経済学を**修める**ために、国の両親が送ってくれた大切な金なのに…。都市の安全を**治める**警察は、こういう犯罪もしっかり　**取り締まって**ほしい。

おさめる(納める・収める・修める・治める) 他動詞

1. **納める**
- **学費/授業料/税金/会費を納める。**
- 税務署は毎年、たくさん税金を**納めた**人、高額納税者を発表する。
- パーティーの会費を**納めた**人には、パーティー券が渡された。

2. **収める**
- お金を金庫に**収める(納める)**。
- 山田さんは本棚に**収まらない(納まらない)**ほどの本を持っている。
- 彼はその話を自分の胸一つに**収めて(納めて)**、だれにも言わなかった。
- 彼はついに政界の権力を手中に**収めた(納めた)**。
- 運転者に対する交通安全教育は一定の成果を**収め**、以前より死亡事故が減った。
- 一日の支出を2千円以内に**収める**ようにしている。
- **混乱/対立/争い/紛争を収める(治める)**。
- 兄弟げんかを**収める(治める)**のは、いつも一番上の兄の役目でした。

- タクシー乗り場の順番のことでけんかが始まり、争いを**収める(治める)**ため警察を呼んだ。
- 危うくけんかになりそうな雰囲気だったが、上司がその場をまるく**収めた(治めた)。**

3. 修める

- **学問/学業/医学/社会学を修める。**
- 彼は2年間の日本語課程を**修め**、今春、国に帰る。
- 彼は大学で4年間経済学を**修め**、今年貿易会社に就職した。
- 諸君には、学問を**修める**と同時に身も**修めて**、立派な人になってもらいたい。

4. 治める

- 国/県/市/町/村/都市/地域を**治める。**
- 政界の不祥事が相次ぎ、国を**治める**者の姿勢が問われた。
- 昔は父親が外で働き、母親が家を**治める**という家庭が多かった。

おさまる(納まる・収まる・修まる・治まる)　自動詞

1. 納まる

- 本を買いすぎて本棚に収まらない(納まらない)。

2. 収まる

- 突然の出費があり、今月の支出は予算内に**収まらなかった。**
- 盗まれた国宝が見つかって、もとの博物館に**収まった(納まった)。**
- 夫婦げんかをして家を飛び出してきた娘は、親の説得でまたもとに**収まった(納まった)**
- 彼は先代社長に実力を認められ、今ではその会社の社長に**収まって(納まって)**いる。

- 家庭的な花子は、妻の座に**収まって(納まって)**幸せに暮らしている。
- 国連の介入で,両国間の紛争は一時**収まった(治まった、納まった)**。
- 台風が去って、風雨が**収まった(治まった)**。
- 加害者がいくら謝っても、この事故で妻子を失った彼の気持ちは**収まらない(治まらない、納まらない)**だろう。

3. 修まる
- 両親は一向に息子の素行が**修まらない(治まらない)**ので悩んだ。

4. 治まる
- 不満はあるが、日本は一応平和に**治まって**いる。
- 薬を飲んだら痛みが**治まって楽**になった。
- 言いたいことをすべて言ったら気持ちが**治まった**。

【その他の動詞】

する(掏る)
- 全く気がつかなかったが、すりに財布を**すられた**らしい。
- ぶつかった瞬間にポケットから金を盗むやり方で、私も金を**すられた**。

取り締まる
- 交通課の警官は交通違反を**取り締まって**いる。
- **取り締まる**人がいないと規則が守れないというのは残念なことだ。
- 彼は社長として、会社の業務を**取り締まって**いる。

8

初心忘るべからず

「初心忘るべからず」とは、よく使われる句である。何事であれ、やりはじめたばかりのころの謙虚で新鮮な気持ちを忘れるな、といった戒めのことばである。今日では、そういう意味で使われている。

だが、この句を最初に言った世阿弥(1364?～1443)の真意は、それとはやや違っている。

世阿弥は室町初期の能役者であり、能作者である。彼は能に芸術論の基礎を与えた。その世阿弥の著作は、明治四十二年(1909)に吉田東伍によって集成され、「世阿弥十六部集」にまとめられているが、なかでも世阿弥の最初の著作である『風姿花伝』(通称は『花伝書』)と、世阿弥が六十歳を過ぎて、厳しい芸道の錬磨の末に書き上げた『花鏡』が有名である。その『花鏡』のうちの、名句中の名句が、「初心忘るべからず」である。

ところで、世阿弥は、「初心」を三つに分けている。

まず、第一は、「是非の初心」である。「是非の初心を忘るべからずとは、若年の初心をわすれずして、身に持ちて在れば、老後にさまざまの徳あり」

これは、初学期に学んだ芸の長所や欠点をよく自覚していることである。現在、言われているのは、この「是非の初心」である。若いころにはよく失敗をするが、それをしっかりおぼえていると、のちのちの役に立つというのである。

第二に、「時々の初心」である。

「時々の初心を忘るべからずとは、是は、初心より、年盛りの比、老後に至るまで、其時分時分の芸曲の、似合たる風体をたしなみしは、時々の初心なり」

これは、若いころ、壮年のころ、老年のころ、その時その時の初心であって、これによって芸は体得されるのである。この「時々の初心」を忘れてはならない。

第三は「老後の初心」である。

「老後の初心を忘るべからずとは、命には終りあり、能には果てあるべからず。その時分時分の一体一体を習ひわたりて、又老後の風体に似合事を習は、老後の初心也」

それぞれの段階において芸を学んできたが、老人になって老人の芸にふさわしいことを習うのは、これまた初経験であって、いわば老後の初心である。

このように、「初心」には三つがある。わたしたちが一般に理解している「初心忘るべからず」と世阿弥のそれとは、だいぶ違っているのである。

なお、いま、第三の「老後の初心」のところで引用した、「命には終りあり、能には果てあるべからず」は例の、「芸術は長く人生は短し」の格言を連想させることばであって、世阿弥の芸術に対する真剣な態度を示した各言といわれている。

「芸術は長く人生は短し」は、いまは、人間である芸術家の生命は短いが、その芸術家のつくった芸術作品は長く後世に残るといった意味に使われている。けれども、この警句は、古代ギリシアの医者のヒポクラテスのことばであって、本来の意味は、医術の修得はきわめがたいが、人生は短い、だから怠らず勉強せよ、といったもの。したがって、世阿弥の「命には終りあり、能には果てあるべからず」と同じ意味なのである。

§ 何かをする前

ないうちに ・ に先だって ・ に臨み ・ にあたり ・ に際して

ないうちに

意味　～する前にあらかじめ

例文　日が暮れ**ないうちに**、庭仕事を片付けよう。

今日はパーティーの司会をするので、会が始まら**ないうちに**少し食べておこう。

に先だって

意味　～する前にあらかじめ

例文　結婚式**にさきだって**仲人さんに挨拶をしてきた。

遠足**にさきだって**先生たちは場所の下見をした。

に臨み

意味　～する前にあらかじめ

例文　オリンピックの開会式**にのぞみ**もう一度招待者名簿を確認した。

JRは新型の新幹線の公開**にのぞみ**最終整備に余念がない。

にあたり

意味　～する前にあらかじめ

例文　豪華客船の進水式**にあたり**たくさんの風船を空にあげた。

社長の新旧交代**にあたり**、大幅な人事異動があるようだ。

に際して

意味　～する前にあらかじめ

例文　今回の株主総会を開く**にさいして**、特別な警備は要らないようだ。

海外研修旅行の出発**にさいして**、各自の抱負を述べて下さい。

9
トルストイとの出会い

自分を欺いた激しい悔恨

わたしの十七歳は、わたしの人生の基本ができたときであるように思います。ある意味では、そのときわたしは生まれた、ともいえるように思います。そうであればこそ、十七歳において、商業学校卒業のまえの年ですが、わたしに起こったことは、もう多くのひとに話しもし、書きもしたのですが、やはり、これを抜きにしては、わたしの考え方はなにも語れない。ですから、ここでくり返したいと思います。

ある日わたしは、いつものように、千人の工員たちが働いている父のヴァイオリン工場に出かけて、事務室にはいりました。そして、わたしには珍しかった英文タイプを見つけて、軽くポンポンと打っているところへ、輸出係の主任さんが来て、

「鎮一さん、紙をはさんでないタイプをたたいてはいけませんよ。」

と、たしなめました。わたしはとっさに、

「まねしているだけなんです。」

と、ごまかしました。主任さんはあっさり、

「ああ、そうですか。」

といって、そのままへやを出ていってしまいました。ところが、その姿が消えるか消えないうちに、わたしは自分に対する激しい憤りと後悔に襲われたのです。卑怯者！なぜ素直にあやまらないで、自分をいつわったか！

やりきれなくなって、すぐ家へ帰ったけれども、じっとしていられません。わたしは名古屋の広小路へ出ました。頭にこびりついた不快を忘れようとしたのか、一軒の本屋さんにはいり、たなに並んでいる本を手当たりしだいにあさっていました。そうしてしばらく見ているうちに、まったく運命的にトルストイと出会ったのです。

〝良心の声は神の声である〟

それは『トルストイの日記』という小さな本でした。わたしはなにげなくそれをたなからとって、パッとあけました。するとちょうどそこに、

〃自分を欺くことは、ひとを欺くことよりも悪いことである〃

このきびしい文字がわたしの胸を射たのです。恐ろしい衝撃でした。わたしはガタガタとふるえる全身をやっとこらえました。

わたしはその小さな本を買って、家へ走って帰りました。そしてむさぼり読みました。それ以後、ほんとうに、バラバラに破れてしまうまで、わたしはそれを読むことになりました。

トルストイ ― なんというすばらしいひとだろう。この気持ちは、当然、その全作品に没頭することに向かいました。わたしの自己育成はこうして、トルストイを糧としてなされたのです。そして『トルストイの日記』は、どんなばあいでも、わたしのそばを離れることはありませんでした。どこへ行くときももって歩きました。それから数年ののち、二十三歳でドイツに留学するときにも、この本はわたしのふところにありました。

トルストイは、自分を欺くなといい、良心の声は神の声であるといいました。わたしはこのトルストイの思想に生きねばならないと思ったのです。

§ 接続

さりながら ・ それを ・ それだって ・ しかるに ・ しかるところ ・ さりとて

1. さりながら

「そうではあるが」「しかし」の意味。

① 形式を変えろというあなたのご意見はわかります。さりながら、当地には当地の習慣がありますので……。

② 大阪のほうは彼にまかせれば大丈夫と存じます。さりながら一つ心配なのは、彼の奥さんが病身のようでございまして……。

③ 価格据え置きについてのお客様のご要望には、なんとかお応えしたいと存じます。さりながら、最近の仕入れ価格の上昇はたいへんなものでございまして……。

★ 少し固い言い方で、日常の会話ではあまり使わない。

2. それを

「それなのに」の意味。前述の事柄があれば通常しなければならないことに反することをした場合、その行いを非難めいて言うときに使う。

① 明日は朝から大事な会議なんでしょう。それを、遅くまでお酒を飲んできたりして……。

② 社長からは大阪地区で重点的に販売促進するよう命令が出ている。それを、部長は横浜地区のことしか念頭にないみたいだ。

③ 医者からはカロリー制限を指示されているのよ。それを、あの人ったら食べたいだけ食べているの。

④ 君にあれほど注意したじゃないか。それを、何だってやってしまったんだ。

3. それだって

「だけれども」の意味。

① あれもやれって言われてはいるよ。それだって無理だよ、今は忙しくて。

② 外国旅行しないかって？　それだって、お金もひまもないのに、どうして行けると思うの？

③「どうしていやなの？　いいじゃないの、あの人もなかなか……」
「それだって、いやなものはいやよ。はじめからきらいなの、あの人のことは」

★ 親しい者同士では使うが、堅苦しい場面などでは使わない。

4. しかるに

「そうであるのに」「それなのに」の意味。

① 君たちには度々注意した。しかるにまた同じミスをしている。君たちの緊張が足りないからだ。

② 成功はおぼつかないとだれもが思っていました。しかるに、彼は実に巧妙な方法で成功に導いたのであります。

③ 他社はみな業績が悪化している。しかるに我が社だけは前年を上回る好成績をあげた。社長として、社員諸君の努力に深く感謝する次第である。

④ A国とB国との協定によれば、この場合A国はただちに軍隊を出すはずであった。しかるにB国の要請にもかかわらず、A国は静観をきめこんで軍隊を出さなかった。

★ 多く文章や演説などに使う。

5. しかるところ

「ある状況であったが…」の意味。

① 工事を中止せざるを得ないかと、一時は覚悟いたしたような状況

でありました。しかるところ、A社が援助の手をさしのべて下さって、こうじは無事完成できたのであります。

② 本年は会社創立50周年にあたり、なにか会社として飛躍の機会を得たいものと思っておりました。しかるところ、今回アメリカの提携先からすばらしい朗報が入ったのであります。

★ 固い言い方。親しい人同士では使わない。

6. さりとて

「そうは言っても」「そうだからといって」「だが」の意味。

① 山田さんは今は会社とは何も関係ない。さりとて会社にとっては功労者だから、会社にお見えになれば丁重に扱っている。

② 君の意見はたしかに正しい。さりとてすぐ実行するのは無理だ。

③ この業種は目下不況のどん底だ。さりとて従業員のこともあり、事業をやめてしまうわけにもいかないのだ。

④ 遊びに行きたいし彼女とデートもしたい。さりとてアルバイトを休むこともできない。

10

血液型による性格判断

1　一見やさしそうで意外に頑固なA型

初対面ではおとなしく、つきあいやすそうな感じで、相手への挨拶や気配りが行き届く。

自分の周囲の人々と波風を立てないように、自分の感情や欲求、意見などは抑制する。しかし、物柔らかで、つきあいやすそうに見えても、なかなか人に心を開かない一面もある。言い換えると、内面は頑固で激しさがあり、怒りやすいのも一番である。すなわち感情性が強く、その上完全主義でプライドが高く、人に軽蔑されることを何よりも嫌う。自分の抱いた意見は容易に変えず、穏やかに相手に合わせているように見えても、心の中では頑として自説を守っていることがよくある。自分のプライドを傷つけないために、自分の本心とは逆の表現をとることがある。従って、A型の人の本音を知るためには時間がかかるが、よく知り合えば、思いやり、献身性、意外な無邪気さに触れることができる。

2　とっつきにくいが率直で話せばわかるB型

B型の印象には二つのタイプが見られる。その一つは、何となく、とっつきにくい感じである。それがある時には、おずおずした引っこみ思案の人に見えるが、またある時には、無愛想で、恐ろしげにさえ見える。もう一つのタイプは、陽気で気さくで、ざっくばらんなタイプである。だがどっちのタイプも、つまりはB型の人がつきあいの形式的な慣習や挨拶に、なかなか習熟できない天性からきている。挨拶やつきあいが苦手だと思うと引っこみ思案になり、開き直って挨拶ぬきになると、気さくに見える。またB型は言いにくいことも歯に衣をきせず、ずばずば言う。しかし悪気は、毛頭なく、腹の中はあけすけで、こんなに気楽な相手はいない。話しあえば、すぐに心を開き、だれかれ区別なく親しみ、相手の立場を理解し、人情味もある。そのかわり、B型は平素はマイペースの行動をとり、周囲に気を使わないので、自分勝手な人と誤解されることが多い。B型に対しては、その日常の言動を見て、人間性の善悪を決めるべきではない。話せばわかる人と考えた方がよい。

3　最初は警戒心が強いが一度信頼しあうと最高の友になるO型

O型は、共通して初対面程度の人や、相手の素性、人柄、目的などが知れないうちは、著しく警戒心を高めているのが特徴である。あたりさわりのないことしか言わなかったり、むっつりしたり、たとえにこやかでも、立ち入った話になると、おとぼけをしたりする。だが、一度信頼しあうと、徹底的に温かく親切で、人間味あふれ、友人になれば最高といわれる。最初の警戒心の壁を突破するのが、まず鍵となる。そのために共通の友人を立てたり、紹介状もO型には一番効果がある。仕事や事件の共同体験を持ったり、酒を飲みあったりするといっぺんに親しくなれることもある。O型の人の表現は率直単純、ストレートで好人物の印象をあたえる。時にはロマンチックな詩人肌や理想家風を示すが芯は最も現実性に富み、プラス・マイナスの判断や計算は、がっちりしている。電話では事務的になることが多い。また要件が終わるとサッと帰ったりするが、こちらを嫌っているのではない。一言多く自己主張の強さを示すO型は、仲間もつくれば敵もつくる。O型は本当に信頼した相手には，とことん尽くすこともある。

4　人を驚かすAB型の二面性

AB型は、きわめて冷静で落ちついていて、考え方も合理的である。ソフトで円満な知性の人という印象を与える。ところがその反面、感情が突発的に変化し、気まぐれ、気ままで空想好き、現実離れの趣味性もある。AB型の人はビジネス能力も高く、対人態度もそつがない。その上、よく相手に合わせる。AB型は特定の人と特別親しくなったり、打ちこみ、のめりこむことが少ない。人に対して誠実公平で、派閥活動をしない良さもある。クールな反面、ユーモアもある。また人の偽善やうそをよく見抜く。協調的なAB型の内面に強い正義感が潜んでいる。

§ 接続

次いで／次に ・ のみならず ・ 一方 ・ それはそうと／それはそれとして／それはさておき ・ ともあれ ・ ときに

1. 次いで／次に

前に述べた事柄に続いて起こったり、行ったりすることを述べるときに使う。

① これで開会式を終わります。次いでパレードに移りますので参加者はご準備ください。

② 日本の結婚披露宴では、まず主賓の挨拶があります。次いで乾杯に移るのが通例です。

③ 読解のテストがすみました。次に聴解の試験に移りますが、その前に10分間休憩します。

④ 大臣の祝辞が終わった。次いで議員の2名が長い話をしたあと、次から次と各界の名士の話があり、参会者はすっかりうんざりしてしまった。

⑤ 突然縦揺れの強い衝撃を感じた。次にぐらぐらっと横揺れが襲い、あらゆる物ががらがらと部屋に散乱し、立ち上がろうにも足元がおぼつかなくて、ただベットの上でふとんをかぶり、揺れの収まるのを待つばかりだった。

2. のみならず

「それだけでなく」の意味。「のみ」は「それだけ」、「ならず」は「ではない」の意味。

① 彼女は歌手として若者の間に人気がある。のみならず、新進の詩人としても活躍している。

② 豆腐は栄養価が大変高い。のみならず、美容食としても広く知ら

れるようになった。

③ 記録的な大雨で多数の家屋が浸水した。のみならず、堤防の決壊で収穫寸前の稲が壊滅的な被害を受けた地域もある。

④ 彼は度量が広く面倒見がよい。のみならず、誰の話でも気軽に、しかも親身に聞いてくれるので、人々に大変尊敬されている。

⑤ H内閣は経済の現状分析を誤り、誤った政策を立案した。のみならず、それを強行しようとしたため、国民の信を失い総辞職するにいたった。

3. 一方

前に一つの事柄を述べ、もう一つの側では、それと別のことを述べるとき使う。「話変わって」。

① 山田教授の話では、今年の経済成長率は3%程度だそうです。一方、斎藤先生によれば、せいぜい1%どまりだという。

② 九州地方は洪水で死者が出たそうだ。一方、東北地方は水不足で稲作も平年以下だそうです。

③ 日本人の平均寿命が伸び、高齢者の数は増加傾向にある。一方、少子化が進み老人問題は重要性を増すばかりだ。

④ 彼は友達と一緒にいるときは、非常に明るく振舞っている。一方、一人になると、まるで別人のようにふさぎ込んでいることがある。

⑤ いまやコンピューターは生活の一部として、あらゆる分野に取り入れられている。一方、生活の便利さばかりを追求するあまり、人間の本質を見失うのではないかと憂慮する識者もいる。

★ 「一方通行」、「一方の雄」のように名詞としての「一方」。あるいは「成績は良くなる一方だ」のように接尾語的に使い、ずっとその傾向にあることを示す場合の「一方」がある。また二つのことが並行して起こっているとき、その一つについて言う使い方、たとえば「日本人は一方では多くのことを西欧から学びましたが、他方では独自の文化も大切にしてきました」のように「一方…、他方…」という使い方もある。

4. それはそうと／それはそれとして／それはさておき

前に述べたことは話題あるいは考慮からはずし、次のことを述べるときに使う。

① もう時間だからそろそろみんな集まるだろう。それはそうと、飲み物、食事などの準備は大丈夫だろうな。

② 「どの大学を受験しようかと迷っているんですが…」
「まあ、それはそれとして、試験準備の方は進んでいますか」

③ 「30人も集まるとすると、テーブルやいすの配置も考えなければならないですね」
「それはさておき、司会は林君より佐々木君のほうがいいと思うが、どうだろうね」

④ 「飛行機は何日に予約しましょうか」
「それはそうと、ビザは大丈夫だろうね」

⑤ 今までの企画の進展状況については大体分かった。それはそうと、前回議題になった件に関して意見を聞かせてほしい。

★ 上の例はどれも「ところで」で置き換えられる。
「それはそうと」は急に思い出したことをいうときによく使う。

5. ともあれ

「理由や事情はいろいろあるだろうが…」という気持ちを表す。「何であろうと」。

① 三重衝突だって？ ともあれ現場へ急行しよう。

② いろいろ考えていても仕方がない。ともあれやってみよう。

③「二人の言い分が全然食い違って、どちらが本当か見当もつかないんです」

「よし、じゃ、ともあれ僕が会ってみよう」

④ 技術を向上させるには、まず手本を示して説明し、やらせてみることです。

ともあれ、その上でほめてやることです。

★ 名詞に続き、たとえば「理由はともあれ、欠席ばかりしていてはだめですね」となる。この場合は「とにかく」で置き換えられる。

6. ときに

会話の途中で話題を変えるときに使う。

① ときに、あの件はどうなりましたか。

② ときに、国のご両親はお元気ですか。

③ あのころは、学校から帰ると、かばんを投げ出して、川や山へ遊びに行ったものだよね。ときに、平田先生はどうしていらっしゃるだろうね。

④ いよいよ大学入試の時期で就学生も大変だね。ときに、去年の卒業生の動向は全部わかっていますか。

⑤「すみません、遅くなってしまって。途中だいぶ込んだもんですから…」

「うまくいった？」

「はい、何とか」

「そりゃよかった。ときに、君のいなかで今朝地震があったようだが大丈夫か」

「はい、さっきカーラジオで聞いたもんですから、電話したんですが、おかげさまで無事でした」
「そうか、それは何よりだったね」

11

先生と私

奥さんは東京の人であった。それはかつて先生からも奥さん自身からも聞いて知っていた。

奥さんは「本当いうと合いの子なんですよ」と言った。奥さんの父親はたしか鳥取かどこかの出であるのに、お母さんのほうはまだ江戸といった時分の市が谷で生まれた女なので、奥さんは冗談半分そう言ったのである。ところが先生は全く方角違いの新潟県人であった。

だから、奥さんがもし先生の書生時代を知っているとすれば、郷里の関係からでない事は明らかであった。しかし薄赤い顔をした奥さんはそれより以上の話をしたくないようだったので、私のほうでも深くは聞かずにおいた。

先生と知り合いになってから先生の亡くなるまでに。私はずいぶんいろいろの問題で先生の思想や情操に触れてみたが、結婚当時の状況については、ほとんど何ものも聞き得なかった。私は時によると、それを善意に解釈してもみた。年輩の先生の事だから、なまめかしい回想などを若い者に聞かせるのはわざと慎んでいるのだろうと思った。時によると、またそれを悪くも取った。先生に限らず、奥さんに限らず、二人とも私に比べると、一時代前の因襲のうちに成人したために、そういう艶っぽい問題になると、正直に自分を開放するだけの勇気がないのだろうと考えた。もっともどちらも推測に過ぎなかった。そうしてどちらの推測の裏にも、二人の結婚の奥に横たわる花やかなロマンスの存在を仮定していた。

私の仮定は果たして誤らなかった。けれども私はただ恋の半面だけを想像に描き得たに過ぎなかった。先生は美しい恋愛の裏に、恐ろしい悲劇を持っていた。そうしてその悲劇がどんなに先生にとってみじめなものであるかは相手の奥さんにまるで知れていなかった。奥さんは今でもそれを知らずにいる。先生はそれを奥さんに隠して死んだ。先生は奥さんの幸福を破壊する前に、まず自分の生命を破壊してしまった。

私は今この悲劇について何事も語らない。その悲劇のためにむしろ生まれ出たともいえる二人の恋愛については、さっき言ったとおりであった。二人とも私にはほとんど何も話してくれなかった。奥さんは慎みのために、先生はまたそれ以上の深い理由のために。

ただ一つ私の記憶に残っている事がある。ある時花時分に私は先生といっしょに上野へ行った。そうしてそこで美しい一対の男女を見た。彼らはむつまじそうに寄り添って花の下を歩いていた。場所が場所なので、花よりもそちらを向いて目をそばだてている人がたくさんあった。

「新婚の夫婦のようだね」と先生が言った。

「仲がよさそうですね」と私が答えた。

先生は苦笑さえしなかった。二人の男女を視線のほかに置くような方角へ足を向けた。それから私にこう聞いた。

「君は恋をした事がありますか」

私はないと答えた。

「恋をしたくはありませんか」

私は答えなかった。

「したくない事はないでしょう」

「ええ」

「君は今あの男と女を見て、冷評しましたね。あの冷評のうちには君が恋を求めながら相手を得られないという不快の声が交じっていましょう」

「そんなふうに聞こえましたか」

「聞こえました。恋の満足を味わっている人はもっと暖かい声を出すものです。しかし……しかし君、恋は罪悪ですよ。わかっていますか」

私は急に驚かされた。なんとも返事をしなかった。

§ 接続

ところが、すると 、こうして 、それにもかかわらず/にもかかわらずそのくせ

1. ところが

予想や期待に反したことを述べようとするときに使う。

① 有名な画家の展覧会があるというので、横浜まで出かけていきました。ところが月曜日は休館日でした。

② 暦の上では夏も終りだというので、そろそろ涼しくなるのではないかと期待していた。ところが、ここ二三日に暑さは真夏と同じだ。

③ 彼が来てくれたので、万事うまく運ぶと思った。ところが全く逆で、事態は思わぬ方向に進みはじめた。

④ 仲人のいうことを信じて彼女と見合いした。ところがとんでもない女で、ほうほうのていで逃げ帰った。

⑤「あなたは体格もいいし、ずいぶんお酒はお強いんでしょうね」
「ところが違うんですよ。からきしだめでしてね。ビールをコップに半分で真っ赤になっちゃうんです」

★ 予想外という感じがないときは使わない。
さっきまでは雨も風も強かった。ところが風は大分おさまったようだ。
(この場合は「しかし」を使う。)

★ 前の事柄が起こった後、続いて次の事柄が起こることを示す「ところが」とは違う。
ほかに方法もなく彼に頼んだところが、思ったより簡単に引き受けてくれた。
こういうのが、案ずるより生むが易いというのだろう。

★「……をしたのに」という意味で使う助詞の「ところが」がある。
会社のためにと思っていろいろ意見具申したところが、転勤を命じられてしまった。

2. すると

(1) 前の事柄に続いて次の事柄が起こることを示す。

① 彼は「開けゴマ」ととなえた。すると、さしも頑丈な扉もするすると開いた。

② その歌手が舞台に上がって手を振った。すると、聴衆はいっせいに熱狂的な拍手と歓声を送った。

③ ぴかっと鋭い閃光が目に入り、やがて地鳴りのような爆発音が聞こえ、何事かとあたりを見まわした。すると、向かいの山の上に、猛烈な勢いで立ちのぼるきのこ形の雲が見えた。

④ その老人は腰から横笛を抜くと、不思議な音楽を吹きだした。するとどこにいたのか色とりどりの鳥が集まってきて、木々の上で美しく鳴き始めた。

⑤ ノックの音でドアを開けた。すると、そこに雲をつくような大男が立っていた。思わず悲鳴をあげて、腰を抜かしてしまった。

(2) 前の結果から理論的に当然後の事柄が導かれることを示す。「とすると」ともいう。

① おまえは聞いていないというんだね。すると、この中の誰が電話を受けたことになるんだ。

② えっ、昨日の地震を知らないんだって。すると、あなたは昨日どこにいたんですか。

③「あの二人、いよいよ結婚するそうだ」
「ほう、すると、ついにご両親も折れたんだな」

④「台風が大分近づいているそうだ」

「すると、今度のピクニックはだめかもな」

⑤「お世話になりましたが、3月に日本語学校を卒業いたします」

「それはおめでとう。すると、今度はいよいよ大学ですね。体に気をつけて、がんばってください」

3. こうして

前の事柄を受け、続いて後の事柄を述べ進めていくときに使う。

① こうして彼の名声は次第に世界に広まっていきました。

② こうして湯川秀樹はノーベル賞をとるにいたりました。

③ はなむぐりの幼虫に産みつけられた土蜂の卵がかえると、それははなむぐりの幼虫を食いつくします。こうして成虫になった土蜂は、はなむぐりの幼虫を求めて飛び立ちます。

④ 150億年前にビッグバンと呼ばれる大爆発があったそうです。こうして生まれた宇宙は、いまも膨張しつづけていると言われています。

⑤ 二足歩行を始めると両手が自由になる。こうして自由になった両手を使い、人類は飛躍的にその文明を発展させることになる。

★「このように」の意味の副詞と区別すること。

ここはこうして修繕してください。

4. それにもかかわらず／にもかかわらず

前文で述べたことを受けて、その反対のことを述べる文の頭に置く。「にもかかわらず」は「それにもかかわらず」の略。

① 今年こそはとだいぶ勉強もして受験した。にもかかわらず、結果はまた同じだった。

② その案に賛成するものはかなり多いように見えた。にもかかわらず、なぜか投票の結果否決された。

③ 今年も米は豊作だった。にもかかわらず米価は下がらない。

④ その映画は制作費も宣伝費も相当使った。それにもかかわらず、興行収入は予想の半分にも達しなかった。

⑤ 彼は人の面倒もよくみるし、たいへん親切だと思う。それにもかかわらず、どうしてかあまり評判は良くない。

★ これらはやや固い言い方。

5. そのくせ

前に述べたことを受けて、それとは反対の関係にあることを示す。

① 他人のことは文句を言うが、そのくせ自分のことには甘い人がいるものだ。

② あの人はよく友達を酒場にさそう。そのくせ自分から勘定を払うとは決して言わないんだ。

③「外は日差しが強そうだね」
「そうね、そのくせ雨がぱらぱらしているようだよ」

④ うちの子は朝寝坊で、ろくに食事もしないで学校に行くんですよ。そのくせ、夜はいくら言っても遅くまでテレビを見ているんです。

⑤ あなたは体調が良くないとこぼすけど、そのくせお酒の量は全然少なくならないじゃないの。

12

結婚式とお葬式

「冠婚葬祭」という言葉があります。冠は成人の儀式、婚は結婚式、葬はお葬式、祭は先祖の祭りのことです。現在では、さまざまな行事の礼儀作法という意味でも使われています。その中で、結婚式とお葬式には、皆さんが参加する機会も多いでしょう。今回は、結婚式とお葬式のマナーを紹介します。

(結婚式(披露宴)に招かれる)

春と秋は結婚のシーズンです。日本人はあまり宗教にこだわらないので、結婚式の形式は本人や親の希望で決まります。神式(神道)が一般的ですが、キリスト教式や仏式(仏教)もあります。神道の結婚式には、家族や親類だけが出席します。式のあと、親類、友人、仕事の仲間などが集まって、二人の結婚を祝う披露宴が行われます。

1. 招待状が届いたら

披露宴の招待状が届いたら、返事は早めに出しましょう。出席できないときは、披露宴の会場に祝電を送ることもできます。

2. お祝いを贈る

招待状の返事の書き方

お祝いの言葉を書く。 ●出席の場合	欠席するときはおわびも書く。 ●欠席の場合
~~御~~出席 ~~御欠席~~ ご結婚おめでとうございます。 喜んで出席させていただきます。 ~~御~~住所　杉並区永福　２１５４１１２ ~~御芳~~名　川村友子	~~御出席~~ ~~御~~欠席 ご結婚おめでとうございます。 せっかくですが、先約のため出席 できません。ご了承ください。 ~~御~~住所　杉並区永福　２１５４１１２ ~~御芳~~名　山本一夫

披露宴のスピーチを頼まれたら

スピーチを頼まれたら、ぜひ日本語で挑戦してください。きっといい経験になります。ただし、一つだけ注意しなければならないことがあります。それは、離婚を想像させるような言葉を使わないということです。例えば「切れる」「別れる」「壊れる」「離れる」などは、絶対に使ってはいけません。

お祝いは現金で贈るのが一般的です。金額は、新郎新婦との関係や社会的な地位によって違います。友人や同僚の披露宴なら、1万円から3万円ぐらいです。同じ立場の人と相談して決めるとよいでしょう。お金は「のし袋」に入れて、披露宴の受付で渡します。品物を贈る場合は、結婚式の前に自宅に届けるようにします。

3. 披露宴の服装

披露宴の服装で注意することは、花婿や花嫁よりも目立たないことと、披露宴の雰囲気に会わせることです。招待状に「平服で」と書いてあるときは、派手なドレスやタキシードを着ていくべきではありません。何も指定がないときは正装です。ふだん着で行くのは失礼です。

正式な服やパーティー用の服は買うと高いので、貸し衣装の店で借りるという方法もあります。

4. 食事のマナー

披露宴では、はじめに仲人が新郎新婦の紹介をします。次に、主賓がお祝いのあいさつをします。それから、全員で乾杯をして、食事が始まります。その後、知人や友人がお祝いのスピーチをしますが、飲んだり食べたりしながら聞いてかまいません。しかし、大声でしゃべったり騒いだりするのは、マナーがいいとは言えません。

(お葬式に参列する)

お葬式では、宗教的な習慣が大切にされています。失礼なことをしないように、礼儀作法を知っておいたほうがいいでしょう。神道やキリスト教のお葬式もありますが、ここでは、一番多い仏教のお葬式のマナーを説明します。

1. お通夜と告別式

人が亡くなった夜は、お通夜という行事があります。家族や親類、親しかった友人だけが集まって、亡くなった人のそばで食事などをして過ごします。

一般の人は、翌日か翌々日に行われる告別式に参加します。告別式では、遺族にお悔やみを言って、お焼香をします。それから、お棺が火葬場へ向かうのを見送ります。告別式に出席できない場合は、弔電を送ります。

2. 香典について

香典は、亡くなった人に供えるお金です。金額は3000円から

5000円くらいです。香典用の袋に入れて、告別式の受付で出します。お金の代わりに、祭壇に飾る品物や家の外に並べる花輪を贈る人もいます。

3. 服装について

亡くなった人の身内以外は、必ずしも黒を着る必要はありません。男性は、黒か濃い紺色のスーツで、黒いネクタイをします。靴下も黒です。女性は、黒か地味な色のワンピースやスーツを着ます。靴や靴下、バッグも黒っぽいものにします。金や銀が付いているものは使いません。アクセサリーは、黒い石か真珠だけです。

4. お葬式から帰ったら

家に入る前に、「清めの塩」を体にふりかけます。家の中に不幸を持ち込まないように、という意味です。日本では、塩には神聖な力があると考えられています。

電報を送る

祝電や弔電は、NTT(☎115)に申し込みます。決まった形の文章があって、番号で頼むこともできます。詳しいことは、電話帳を見るか、NTTに聞いてください。

祝電（結婚式）の例

001 ご結婚おめでとうございます。

002 ご結婚を祝し、末永く幸多かれと祈ります。

弔電（お葬式）の例

500 謹んで哀悼の意を表します。

501 ご逝去を悼み、謹んでお悔やみを申し上げます。

§ 接続表現　音も意味も似ているもの

そこで、それで、すると、とすると、それにもかかわらず、それなのに、そのくせ

例文で使い分けを整理しよう

そこで　電話のベルが鳴った。**そこで**あわてておぶろから飛び出した。

それで　昨夜はよくねられなかった。**それで**少し頭が痛い。

すると　ふと空を見上げた。**すると**西の空に何か光るものが飛んでいた。

とすると　林さんは病気、山田さんは出張、野口さん……。
とすると、あした来られるのは私一人だ。

それにもかかわらず　私は悪いことばかりして母を困らせていた。
それにもかかわらず、母はだれよりも私を愛してくれた。

それなのに　私は何も悪いことをしていない。**それなのに**、みんな冷たい目で私を見る。

そのくせ　彼はいつも自分では何もしない。**そのくせ**ほかの人のやったことに文句を言う。

☞このポイントを押さえておこう

●「**そこで**」の後の文には前の文からの自然な流れで続く行動が来る。状態を表す文(形容詞文など)は来ない。前の文が理由を表し、後が状態を表す文のときは「**それで**」を使う。

●「**とすると**」は前の文の事がらから当然考えられることが続く。「すると」で置き換えられるが、やや考え込んだ感じを表わす。
「**すると**」には時間的な流れで続く事がらを結ぶ使い方もある。

● 最後の三つはいずれも前の文から予想されることとは反対の結果を言うが、「**それにもかかわらず**」は客観的,「**それなのに**」は非難、不満の気持、「**そのくせ**」はより強く非難したり軽蔑したりする気持ちを表す。「困らせたにもかかわらず」「していないのに」「しないくせに」という使い方もある。

13
本音と建前の就職活動

高太郎君は、この4月に、横浜大学の4年生になったばかりです。最終学年になった途端に、自宅にはおびただしい数の郵便物が、高太郎君宛に毎日のように来るようになりました。それらはすべて、会社が送ってくる会社案内です。メーカー、サービス、流通、金融、証券などありとあらゆる分野の会社が次々と送ってくるのです。高太郎君はそれらを全部開封するわけではありませ

ん。必要なものだけを取捨選択してあとはそのまま捨ててしまいます。

高太郎君の学生生活はそれまでの3年間とは一変しました。それまではクラブ活動やアルバイトのため帰宅するのは遅かったのですが、クラブやバイトはしばらく休むことにして早く帰るようになり、夜遅くまで会社案内を検討したり、ていねいに履歴書を書いたり、就職試験問題集を開いていることが多くなりました。高太郎君は就職活動の季節を迎えたのです。

高太郎君は理髪店に行き、それまで少し長めであった髪を短めにしてもらったあと、新調したスーツを着て、写真館に行きました。写真館の御主人は高太郎君の父の友人で中原さんといい、高太郎君は赤ん坊の頃から、中原さんに折々の記念写真を撮ってもらってきました。お宮参り、初節句、入学、卒業、成人式などです。高太郎君が写真館に入ると、中原さんが「おや、もう就職か」と高太郎君がなにも言わないうちに声をかけました。中原さんは高太郎君の服装を一目見ただけですぐ見当がついたのです。高太郎君の服装はいわゆるリクルートスーツといって、企業を訪問する際の派手でもなく暗くもない無難な服装だったのです。高太郎君は履歴書にはる写真を撮りにきたのでした。

「何枚焼く？」と中原さんが聞いたので、「とりあえず10枚お願いします」と高太郎君が答えると、「そんなに受けなきゃだめかい？」と中原さんは少し驚いたようにいいました。高太郎君は、いまは売り手市場のため、学生は複数の会社の内定をもらっておいて、各会社の条件を比較して希望の会社を選ぶことができるので、選択の幅をできるだけ広げておいた方が有利であると説明しました。
中原さんは「おじさんの頃は、完全な買い手市場だったな。時代は変わったもんだ」と言い、望みの会社に入社できるよう励ましてくれました。

「青田買い」という言葉があります。これはもともと米に関する言葉で、稲が未成熟の青いうちに、買い付け業者が将来の収穫を見越して買い取ることです。これが転じて就職戦線を言い表すのに使われるようになりました。つまり、大学４年生の卒業の見込みもたたない夏休み前に、企業が卒業を見越して採用を決めてしまうことの意味で使われています。

なぜこのようなことが行われるのでしょう。その理由は、企業はその企業にとって望ましい人材を、他の企業に採用されないうちに、一日でも早く確保したいからです。しかし、企業同士が優秀な人材をより早くより多く採用しようと競争すればするほど、その時期は早まる傾向があり、青田買いは大学教育を混乱させかねません。そのため、文部省(大学側)と企業との間の就職協定により、年によって変動はあるものの、企業の採用選考開始はだいたい8月から、採用内定開始は10月からと決められています。しかしながらこれは建前で、本音のところでは、企業も学生も活動を始めているのです。5月だというのに、高太郎君はもう複数の会社から内定をもらいました。しかしそれで就職活動をやめるつもりはないようです。

今日もまた就職情報誌がどっさり送られてきました。高太郎君はそれらを子細に検討し、友人と電話で情報を交換しあい、次に訪問する会社をどこにするか思案しています。就職活動はすでに本番に入っているのです。

§ 受ける/与える

> 大学の入学試験を**受けた**。思っていたよりむずかしくてショックを**受けた**。
> 課題を**与えて**、論文を書かせるものもあった。十分な時間を**与えられて**いたが、なかなか書けなかった。
> 面接では教授たちからいろいろな質問を**受けた**。先輩に情報を**与えて**もらっていたので、なんとか答えられたが、教授たちにどんな印象を**与えた**か心配だ。

受ける

1. 試験/講習/研修/教習/授業/訓練/指導を受ける。

① 私立中学(の入学試験)を**受ける**ので、進学塾の講習を**受けている**。

② 訓練を**受けた**犬でなければ、警察犬にはなれない。

③ 新入社員は、研修を**受けて**から実際の仕事を始める。

2. 質問/インタビューを受ける。

① 面接官から経済問題について質問を**受けた**が、答えられなかった。

② 優勝した選手は、記者のインタビューを**受けて**、うれしそうに応じていた。

3. 攻撃/非難/批判を受ける。

① 自分勝手なやり方で、彼はみんなから批判を**受けた**。

② ミサイルによる攻撃を**受けて**、街は大きな被害を**受けた**。

4. 報告/連絡/電話/知らせ/通報を受ける。

① 電話で合格の知らせを**受けて**、喜んだ。

② 社長は今年度の営業実績について、担当者から報告を**受けた**。

5. **罰/処分/恩恵/恩/恵みを受ける。**

① 宿題を忘れて、教室掃除の罰を**受けた**。

② 悪質な交通違反をくり返すと、免許取消しの処分を**受ける**。

③ 人間は豊かな自然の恵みを**受けて**暮らしている。

6. **賞/好意/印象/称賛を受ける。**

① 小学校の卒業式で皆勤賞を**受けた**。

② だれでも彼女からやさしい印象を**受ける**。

7. **注文/依頼/要請/仕事を受ける。**

① コックは客の法文を**受けて**、料理を作りはじめた。

② たくさん仕事を**受けた**ので、しばらく休めそうにない。

③ 日本は国連の要請を**受けて**、自衛隊の海外派遣をした。

④ この世に生を**受けた**者として、充実した人生を送りたい。

8. **あと/順を受ける**

- 1993年、自民党政権のあとを**受けて**、連立政権が誕生した。

与える

1. 人に**課題/宿題/テーマを与える。**

- 教師は学生に研究のテーマを**与えた**。

2. 人に**自分のものを与える。**

① 子供にものを**与え**すぎるのはよくない。

② 動物園では毎日2回動物にえさを**与える**。

3. 相手に**チャンス/機会/時間/権利/権限/許可**を与える。

① 論文を書かせるため、学生に十分な時間を**与えた**。

② 医者はよくなってきた患者に、外出の許可を**与えた**。

③ 監督はミスをした選手に、再度チャンスを**与えた**。

4. **相手に動揺/恐怖感/威圧感/ショック/打撃/衝撃/印象/好感/不快感/よい感じ/いやな感じ/変な感じ**を与える。

① 自分が面接官によい印象を**与えた**かどうか、気になります。

② 息子の家出は両親にショックを**与えた**。

③ 彼は体が大きく、態度も堂々としているので、相手に威圧感を**与える**。

5. **損害/被害/害/影響/打撃/衝撃/不安/感動/感銘**を与える。

① 長雨が農作物に被害を**与えた**。

② 米の自由化は日本の米作に打撃を**与える**かもしれない。

③ 長引く不景気は大企業にも不安を**与えた**。

④ ヘレン・ケラーの半生を描いた映画は、観客に感動を**与えた**。

14
新人より「OG」再雇用制度で同じ会社に復帰

結婚や出産をきっかけに仕事を辞めた女性が、もういちど働きたいと思ったとき、以前に勤めていた会社で働けたら……。「再雇用制度」を持つ企業だったら、それが可能だ。

＜契約社員＞

１０年勤めた損保会社を辞め、専業主婦として子育てをしていた奥山淳子（41）さんのところに、8年ぶりに元の勤め先から電話がかかってきた。1昨年のことだった。
「契約社員として働きませんか？」「子供二人が小学校に入ったら仕事をしたい」と思っていた奥山さんだが、当時はまだ下の子供は幼稚園。家族と相談し、「幼稚園のお迎えに間に合うよう午前9時から午後2時までなら」と、仕事をすることを決めた。
「再就職するつもりはあったが、４０歳を過ぎると厳しいことはわかっていた。そんなときOGというだけで採ってくれるという。この機会はのがせないと思い、多少無理しても勤務を始めたのです」
幼稚園の近くに駐車場を借り、朝は夫が車で送っていく。帰りは奥山さんが車で迎えに行った。
子供たちの夏休みは幼稚園の有料保育を利用した。
一番大変なのは、子供の病気のとき。奥山さんは病時保育をやっている病院を見つけて乗り切った。二人とも小学生となった今は9時から4時までの勤務。6時には家に着く。
「収入だけが目的だったらすぐに挫折したと思う。保育料や駐車場代がかかっていたから。でも、子育てしているときから社会とつながっていたいという思いがあった。今になってようやく収入面でもありがたみが出てきました」という。
「昔とったきねづか」ではないが、銀行や保険会社などの事務の仕事に、「OG」を活用している会社がある。一から新人を育てるより、「業界用語がわかる。わからないことでもどう調べればいいかわかる」ところが、スキルとなるからだ。

＜派遣社員＞

「OG活用」のために、新会社を作ったのが、あいおい損保とあいおい生保だ。昨年10月、リストラと競争の激しい「保険代理店」活性化に役立てようと、人材派遣会社「あいおいサポートBOX」を設立した。

「保険業界では、９６年の自由化以来、代理店のリストラが進んでいます。家業のような小規模代理店を、効率よくしていくためには外部の人材を入れて、活性化していかねばなりません。

そこで、注目したのがOG。「フルタイムは無理、という人でも、代理店で短時間で週何回か働いていただければ」。

このため、業務開始時からOG会社やここ10年に退職した人など約7600人にダイレクトメールを出した。そのうち約300人がスタッフ登録し少しずつ派遣も始まっている。

＜正社員＞

一方、「仕事と家庭の両立」を支援するため、会社として積極的に体制を整えているのは、日立製作所だ。2002年に「ジェンダーフリー&ファミリーフレンドリー」制度を整えた。管理職などを目指す女性社員が出産や介護など家庭の事情ができても働き続けられるようにというものだ。

育児休業や介護休業制度、短時間勤務制度などとともに「再雇用制度」も明文化されている。

「出産で退職した人は小学校入学前までに、介護の人は介護が終了したら、というものです」

事前登録しておけば、復帰時に正社員として働くことが可能だ。

「ただ、最近は育児休業を取得して、短時間勤務で復帰という継続就業を希望する女性の方が多い。そうは言っても、再雇用も制度としては必要と考えます。」

一度休んでもまた同じ会社に復帰する「再雇用制度」は企業にとっても、働く女性にとってもメリットがありそうだ。

「女性が生涯働き続ける時代」へのワンステップとしてうまく活用していきたい。

§ 接続表現　音が似ているもの

こうして、そうして、それでは、それでも、それにしても

例文で使い分けを整理しよう

こうして　行方不明の友人を捜すため、いろいろな人に手紙を書いたり，電話をしたり、新聞に広告を出したりした。**こうして**やっと捜し出した。

そうして　駅で偶然、高校時代の友人に会って，喫茶店へ行った。**そうして**2時間もおしゃべりしてしまった。

それでは　これは山田さんの本じゃないんですか。それではだれのなんでしょうか。

それでも　「たばこが体に悪いことは知っている。それでもやめられない」と言う人が多い。

それにしては　あまり日本語を勉強していないと言っていたが、それにしては上手だ。

それにしても　あまり日本語を勉強していないと言っていたが、**それにしても**「こんにちは」も知らないとは……。

☞このポイントを押さえておこう

「**こうして**」は前の文のほうが長いことが多く、後の文に結果やまとめが続く。「そうして」に置き換えられることもある。「**そうして**」は時間的流れ、または話し手の気持ちの流れに沿って文を続けるのに用いる。

「**それでは**」の後の文は前の文に関連した新しい意見や話題、「**それでも**」は前の文に反する結果が続く。「それ」を省略して、「では」「でも」という使い方もする。

前の文から予想されたことが、「**それにしては**」は実際と逆、「**それにしても**」は予想以上。

「勉強したにしては～」「勉強したにしても～」という使い方もする。

15

川の流れのように

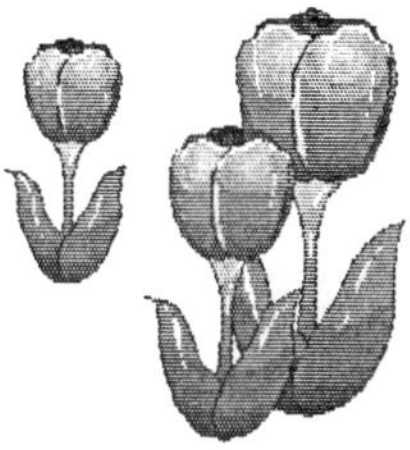

この歌は1977年に日本で大ヒットしました。その後、中国、タイ、シンガポールなど、アジア各地から、さらにインドまで次々と広まりました。そして、それぞれの地域の言葉で歌われ、日本を代表する歌となっています。

この歌がヒットした当時、日本で故郷を離れ大都会で暮らそうという人の大きな流れがありました。その一方で、都会に住んでみたけれど故郷を思う気持ちが強くなり、実際に故郷へ帰る人たちも現れたのです。そのような人々の気持ちを表現している歌と言えるでしょう。都会に生まれ育った人たちにも懐かしい思いを感じさせる歌です。

また当時の何年間かリズム重視の歌がはんらんし、大衆は音楽的に疲れを感じていたときでしたから、なおさら歌に心の安らぎを求めていたのでしょう。

そしてこの｢北国の春｣は、カラオケの流行とともに、老若男女みんなで歌える心の歌として、世界的にヒットしたと言えるかもしれません。もう20年以上も前の歌ですが、故郷への思いが変わらないかぎり、古くならない歌と言えるでしょう。

川の流れのように
(kawa no nagare no youni)

知らず知らず 歩いてきた 細く長い この道
振り返れば 遥か遠く 故郷が見える
でこぼこ道や 曲がりくねった道
地図さえない それもまた人生
ああ 川の流れのように
ゆるやかに いくつも時代は過ぎて
ああ 川の流れのように
とめどなく 空が黄昏に染まるだけ

生きることは 旅すること 終わりのない この道
愛する人 そばに連れて 夢探しながら
雨に降られて ぬかるんだ道でも
いつかは また 晴れる日が来るから
ああ 川の流れのように
おだやかに この身を任せていたい
ああ 川の流れのように
移り行く季節 雪解けを 待ちながら
ああ 川の流れのように
おだやかに この身を任せていたい
ああ 川の流れのように
いつまでも 青いせせらぎを聞きながら

§ 接続表現　理由を言う

なぜなら、なぜかというと、というのは、ゆえに、よって

例文で使い分けを整理しよう

なぜなら　駅やレストランでのたばこは禁止すべきだ。**なぜなら**たばこの煙は周囲の人に害を与えるからだ。

なぜかというと　日本の漢字は読み方が多い。**なぜかというと**中国でできた読みと日本でできた読みがあるからだ。

というのは　ちょっと予定を変更しました。**というのは**南と北では気候がかなり違う。

ゆえに　「男は女より力が強い。**ゆえに**男のほうがすぐれている」と考える人がいまだにいる。

よって　賛成31票、反対69票。**よって**この議案は否決されました。

☞このポイントを押さえておこう

● 初めの三つは「結論・結果」+「理由」。「**なぜなら**」「**なぜかというと**」は理屈として理由を説明するので、意見や抽象的なことに使われることが多い。軽い会話では使われない。「なぜかというと」のほうが話し言葉的。「なぜかといえば」という形でも使われる。「**というのは**」は普通の会話の中で使われ、丁寧に言うときは「といいますのは」は「と申しますのは」が使われる。

● 後の三つは「理由」+「結論・結果」。「**したがって**」理由より結果を強調。後の文には意思を表す文は来ない。書き言葉的。「**ゆえに**」は「それゆえ」という形でも使われる。論文などの硬い文の中でしか使われない。「**よって**」の後の文の結論は相手に反論を許さない感じを持つ。普通の会話には使われない。

16
バーゲンは上手に利用

立春をすぎても春は暦の上だけのこと。まだ冬は中盤という感じですね。

「だからセールで、厚手のセーターや革のスカート買っちゃった」

と言うのは三十代主婦のエリさん。彼女はバーゲンセールの通で、自他ともにゆるす〝達人〟です。できるだけよい品を、できるだけ安く、しかも一日でも早く入手すること。

そのために新聞・週刊誌・雑誌に載る案内プラス個人のネットワークからの情報を集めて、バーゲンセール・スケジュール表を作り上げて無駄なく行動します。

「でも、バーゲンって、理性を失わせる一種の毒があるのね。それが、快感なんだけど。

つい、あれもこれも買い込んでしまって、あとから、しまった、と思うこともあるわ」

「返品はダメでしょ、どうするの？」

「友達を呼んで、B・Bパーティーをするの。またの名はS・Sパーティー。つまりバーゲンのバーゲン、あるいはセールのセールというわけよ」

エリさんのファッション・センスは抜群ですし、何しろ安いので、このパーティーは大人気だそうです。

「でも、計画的な人もいるわよ。私の友達で、一年分の服を一度に買っちゃうの」

「そんなの、おしゃれの楽しみがなくて、つまんないじゃない？」

「そうでもないわよ。だって彼女がアタックするのは、Iデパートで開催されるDCブランドの大バーゲンですもの。最新流行あり、先を行ってるものあり、ベイシックな定番あり……。それで上手にそろえて、私たちの間では、彼女いつもセンスある！って皆をくやしがらせてるの」

そのバーゲンなら、私も以前、娘に誘われて行ったことがあります。始まる時間の少し前に着いたのに、既に長蛇の列でびっくり。でも中へ入って、その熱気にさらに驚きました。

あちこちの隅で、山と積んだ服を人目も気にせず試着している人(試着室なんて言ってられない！)。よく見もせずに、ビニールのバッグに次々と詰めこむ人。これは皆、あとから隅の方でゆっくり見て選ぶのですが、気に入らない物は、その場へポンポン投げ捨てていました。

せっかく来たんだから、と私は白いスカートを一つ選び出しました。娘は収穫ゼロ。二人とも、このバーゲンに太刀打ちするには、体力と気迫が不足していたようです。

そのことを痛感したのは、レジの前の列に立っていたときです。手ぶらに近いのは私たちだけで、皆バッグを一杯にしています。

突如、私の前の若い女性が、バタンと倒れました。大変貧血よ！と言う私の声は喧噪にかき消されてしまい、まわりの人も知らん顔してます。「誰か呼んで来るわ」とその場を離れようとしたとき、彼女はよろよろと起き上がりました。「大丈夫？」ときくと、真っ青な顔でうなずきます。その間も重いバッグは離さず、また、列を離れようともせず、ついにレジにたどりついてしまいました。根性ですね。

エリさんにその話をしたら、

「いるいる、バーゲン酔いする人。ま、できるだけ体力つけて、軽装で、しかもどんどん脱げる服を着て行くことね」と。

例のスカートは、ハカマみたいな変わった形なので、友人の出版記念会にはいて行ったり、某誌の「マイ・ファッション」というページで紹介したりしました。もちろん、バーゲンで買ったなんて言わずに、ね。

私の乏しい経験では、一目で気に入って、これなら定価のままでも欲しい、と思ったものは活用しますが、「安い」というだけの理由で衝動買いした品物は、結局、一度か二度着て終わり。

ときどき「バーゲンではシルクのブラウスやカシミヤのセーターを」というアドバイスを見かけますが、本当に着たいと思うシルクやカシミヤをバーゲンで見つけるのは至難のわざではないかしら。むしろ、そうした品はキチンと定価で、よく選んで買ったほうがよいのでは？

私の場合、あるデパートのバーゲンで買ったカシミヤの丸首セーターは、Mサイズと表示してあったのにSより小さくて、結局一回着ただけで、親戚の小学生の子にあげてしまいました。

できることならバーゲンは、ほしかったものが値下げされている場合のみ、利用するのが賢いのでしょうね。そうはいかないのがくやしいところです。

§ 副詞

1．様態の副詞：動きのありさまを表す副詞

「堂々と、黙々と、平然と、軽々と、一気に、いやいや、こわごわ、ぐっすり、ゆっくり、ぼんやり、にやにや、しくしく、じっと、さっさと、ドスンと、はっきり（と）、きっぱり（と）、すくすく（と）、しとしと（と）、ザーザー（と）等」

2．程度の副詞

「大変、はなはだ、ごく、とても、非常に、極めて、おそろしく、ひどく、だいぶ（ん）、大幅に、ずいぶん、たいそう、相当、かなり、わりあい、わりと、わりに、けっこう、なかなか、少し、ちょっと、少々、多少、いくらか、じゅうぶん、よく、最も、いちばん、もっと、ずっと、一層、はるかに、より、さらに、なお」

述語の否定形と共に使われるもの「あまり、さほど、たいして、全然、全く、さっぱり、少しも、ちっとも」

3．量の副詞

「たくさん、いっぱい、たっぷり、どっさり、だいぶ（ん）、ずいぶん、相当、かなり、少し、ちょっと、少々、多少、じゅうぶん、よく、あまり、さほど、たいして、全然、全く、さっぱり、少しも、ちっとも」

注「たくさん、いっぱい、相当、かなり、少し、ちょっと、少々、多少、じゅうぶん」等は、接続助詞「の」を介して名詞を修飾することができる。

4．　テンスの副詞：発話の時点を基準として当該の事態の時を位置づけるもの。

「かつて、いずれ、いまに、もうすぐ、これから、さきほど、のちほど」

5．アスペクトの副詞：事態の発生、展開（近接、継続、完了、反復、順序、等）に関する事柄を表すもの
「いまにも、すでに、もう、とっくに、ちょうど、まだ、ずっと、依然（として）、もはや、次第に、だんだん、徐々に、ますます、とうとう、ついに、ようやく、やっと、すぐ（に）、ただちに、たちまち、いつしか、やがて、まもなく、ほどなく、そのうち（に）、しばらく、いよいよ、あらかじめ、まえもって、かねて（から）、かねがね、突然、いきなり、ひとまず、いったん、とりあえず、さしあたり、はじめて、まず、ふたたび、また」

6．陳述の副詞
◆疑問と呼応するもの：「いったい、はたして」
◆否定と呼応するもの：「決して、必ずしも、とても、とうてい」
◆依頼・命令、願望と呼応するもの：「ぜひ、なんとか」
◆概言・確言と呼応するもの：「おそらく、たぶん、さぞ、まず、どうも、どうやら、きっと、必ず、絶対、確か、まさか、よもや」
◆伝聞と呼応するもの：「なんでも」
◆比況と呼応するもの：「まるで、あたかも、さも」
◆感動と呼応するもの：「なんと、なんて」
◆条件・譲歩と呼応するもの：「もし、万一、かりに、たとえ、いくら、いかに」

7．評価の副詞　：「当然」

8．発言の副詞：「実は、実際は、言わば、例えば、要は、概して、総じて」

9．その他の副詞：「特に、異に、単に、やはり、せっかく、せめて、さすが」

17

地球の顔21

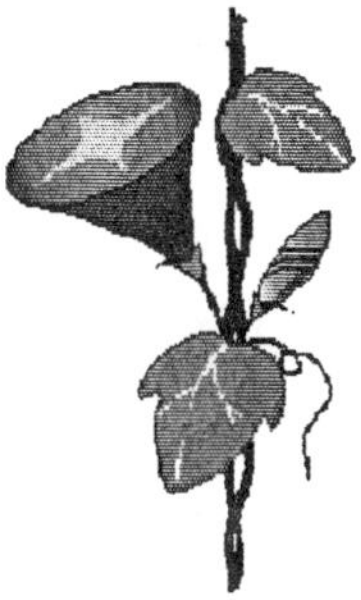

政策転換で急速に多民族・多文化化、スリルある混成社会

南半球の一月は夏のさなか。透明な空気を突き破って、朝の陽光が三面に落ちる。メルボルンの中心部を蛇行するヤラ河の流れは、ゆったりとして遅い。オ-ストラリアの都市はどこも自然と人工の混合美を誇る。目の焦点が遠くまで延びる空間。あちこち

に広がる公園。よく手入れされた庭。そんな郊外の町並みが気に入っているうちに、私たちのメルボルン生活も三十年目に入った。この豪州第二の都市へ米国からやって来たのが一九七三年。ちょうど労働党政権のウィットラム内閣が疾風怒濤の大改革を行っていた最中である。オーストラリア会社のその後の方向を決定的にする矢継ぎ早の政策転換の中で、多民族化・多文化化が急速度で進んだ。白豪主義政策からの根本的転換である。民族構成の雑多な国はいくらでもあるが、単一イデオロギーから多様志向へ、これほどのスピードで転換した社会は珍しい。

近年、移民のうち三分の一はアジア出身が占めるようになり、この社会のまだら化が進んだ。メルボルンでは三家族のうち一家族の割合で、英語以外の言葉が使われている。この町の本当の魅力は、世界各地からやって来た人々が作る混成社会のスリルである。昨年は英国の「エコノミスト」誌グループに「外国人にとって最も住みやすい都市」として、バンクーバーと並んで世界一にランクされた。

四半世紀前、近所の小学校に通っていたアジア人は、私たちの子供たちだけだった。いまその校庭では、さまざまな皮膚と髪の毛の色をした児童たちが、取っ組み合ってはしゃいでいる。庭いじりをしていると、どこからか英語以外の言葉が聞こえてくるのもおもしろい。エスニック料理屋やレストランの種類も急増した。

メルボルンは豪州の「食都」だという人もいる。肉とジャガイモとサラダを組み合わせた単調な食文化は、一気に豊かなものとなった。

七〇年代から続いたオーストラリアのインドシナ難民の受け入れ

数は、人口比にすればどの国よりも多い。メルボルンの各地にはいまやベトナム人コミュニティーが散在している。天安門事件や香港の返還後、中国人の移民が増えた。最近は政情不安を反映して、中近東からの入国者も多い。このような過程が進むにつれて、「オーストラリア人とは誰のことか」「メルボルンっ子とはどういう人のことをいうのか」という興味深い問題も浮上している。

しかし、ここ数年、多文化社会にかげりが見える。小型船でたどり着く中近東からの難民に対して、現政府は強硬姿勢だ。国際情勢を反映して、イスラム系の人たちや組織に対する風当たりも強い。

それに、エスニック文化を維持するという名の下に、民族集団「タコツボ化」も見られる。多文化の「多」はよしとして、その単位となる「文化」とは何かという問題もある。私自身、メルボルンに住む日本出身者として、多文化の一角を担うはずの「日本文化」とは何だろうという疑問に、毎日直面せざるをえない。私的な領域では多言語が飛び交っているが、公的な分野では英語一辺倒の単一言葉社会だという批判もある。

市内を縦横に路面電車が走る町、豪州で最も英国的な都市、庭づくりの州など、メルボルンとその周辺に付けられる形容句は数多い。しかし、この人口三百五十万の都会の深層で日々進行しているのは、多民族社会形成の実験である。可能性と問題点をはらみつつ、メルボルンはいま「マルチカルチュラル・ソサエティー」を実現するための楽しみとあがきの両方を世界に発信しているといえるだろう。 メルボルン(オーストラリア) 杉本　良夫

§ 慣用表現①

例文で使い分けを整理しよう

道草を食う	買い物の帰りに**道草を食って**母にしかられた。
立て板に水	彼に日本語を話させたら、**立て板に水**だよ。
寝耳に水	仕事が楽しいと言っていた彼が会社をやめたなんて、**寝耳に水**だ。
焼け石に水	アルバイトを一人や二人雇っても**焼け石に水**だ。 忙しさはたいして変わらないだろう。
紙一重	金賞と銀賞の作品の差は**紙一重**だ。
すずめの涙	**すずめの涙**ほどの給料しかもらえませんが、教師という仕事が好きです。
猫の額	庭があるといっても、**猫の額**ほどの広さしかありません。
猫の小判	酒が好きじゃない人に高価なワインをあげても、**猫に小判**だ。
馬の耳に念仏	勉強が嫌いな子にいくら勉強しろと言っても、**馬の耳に念仏**だ。

☞このポイントを押さえておこう

- 「**道草を食う**」は目的地・目標の「途中で別のことに時間を使う」こと。
- 「**立て板に水**」は①「話し方がなめらか。ペラペラ。」　②「しゃべり続けて止まらない様子」を表す。
- 「**寝耳に水**」は「突然の、予想しなかった出来事を知らされ驚くこと。」
- 「**焼け石に水**」は「ひどすぎてふつうの助けでは足りない状態」をいう。
- 「**紙一重(の差)**」は「ほんの少し(の差)」。

●「**すずめの涙**」は「わずかな量」。ふつうは金額に使う。

●「**猫の小判**」は「価値がわからない者に価値のある物を与えても無駄」という意味。

●「**馬の耳に念仏**」は「いくら意見、忠告しても効果がないこと」。

§ **慣用表現②**

例文で使い分けを整理しよう

腰を抜かす	3か月、日本語学校で勉強しただけで、1級の試験に受かったと聞いて、**腰を抜かした**。
身につく	学生時代に身につけた語学力が、入社後役に立った。
腹を割る	**腹を割って**話したおかげで誤解が解けた。
目をつぶる	このカメラは機能が少ないが、安いから目をつぶろう。
目に余る	彼の最近の言動には、**目に余る**ものがある。
目がない	①彼女は甘いものに**目がない**。 ②彼は人を見る**目がない**。
~目にある	先日の大雨のとき、傘がなくてひどい**目にあった**。
耳が痛い	**耳が痛い**話を聞かされ、あらためて自分の欠点に気づいた。
開いた口がふさがらない	警官が犯人だったというニュースを聞いて、**開いた口がふさがらなかった**。

☞**このポイントを押さえておこう**

●「**腰を抜かす**」は「たいへん驚く」。「目が飛び出る」は「値段が高くて驚く」。「目を白黒させる」は「驚いてどうしていいかわからない」。

●「**~が身につく(~を身につける)**」は「マスターする,習得する」。

●「**腹を割る**」は「本当考えを隠さないで伝える」。
●「**目をつぶる**」は「欠点、過ちを見逃す。見ないふりをする」。
●「**目に余る**」は「ひどすぎる。ひどすぎて見逃せない」。
●「**目がない**」は①「大好き」②「判断、評価する力がない」。
●「**~目にあう**」は「経験する」。<例>ひどい/つらい/痛い目にあう。
●「**耳が痛い**」は「自分の悪いところを聞かされて苦しい」こと。
●「**開いた口がふさがらない**」は「驚いてあきれはてる」こと。

§ **慣用表現③**

例文で使い分けを整理しよう

朝飯前　こんな短い手紙を翻訳するなんて**朝飯前**だ。

日常茶飯事　都会では交通事故は**日常茶飯事**だ。

後の祭り　病気になってから悔やんでも**後の祭り**だ。

案の定　いつも遅刻する松本さんは,**案の定**、今日も10分遅れて来た。

念のため　かけたと思ったが、**念のため、**もう一度玄関のかぎをチェックした。

めどが立つ　手術も無事済み、ようやく退院の**めどが立った。**

顔を出す。　社長は忙しくても、会議には顔を出すようにしている。

かぎを握る　このウイルスが病気の原因を解明する**かぎを握っている。**

取るに足りない　**取るに足りない**、小さなとこで悩むな。

肩を持つ　兄弟げんかをすると、母はいつも弟の**肩を持つ。**

ご無沙汰　**ご無沙汰**しておりますが、お元気ですか。

☞このポイントを押さえておこう

- 「**朝飯前**」は「非常に簡単なこと」。
- 「**日常茶飯事**」は「ありふれたこと」。
- 「**後の祭り**」は「手遅れで、遅すぎること」。
- 「**案の定**」は「思ったとおり、予想どおり」という意味。
- 「**念のため**」は「100％確実にするために」。
- 「**めどが立つ/つく**」は「終わりが見えるようになる。」
- 「**顔を出す**」は「会議やパーティーなどに短時間でも出る」意味。
- 「**かぎを握る**」は「解決に不可欠なものを持っている」こと。
- 「**取るに足りない**」は「たいしたことのない、重要でない、つまらない」。
- 「**肩を持つ**」は「味方する」と同じ意味。
- 「**ご無沙汰**」は手紙を書いたり、会ったりしていないこと。

§ 慣用表現④

例文で使い分けを整理しよう

脈がある	**脈がない**なら、その契約はあきらめたほうがいい。
しのぎを削る	トヨタとニッサンは新車の開発に**しのぎを削って**いる。
拍車をかける	車の売り上げ増加が、交通事故の増加に**拍車をかけて**いる。
影も形も	30年ぶりに生まれ故郷に帰ると、うちは**影も形も**なかった。
非の打ちどころ	石崎さんのスピーチは、**非の打ちどころ**がなく感動的だった。

水を差す　長すぎるスピーチが、楽しいパーティーに**水を差した。**

くぎを刺す　二度と約束を破らないように、**くぎを刺した。**

くぎづけ　ある展覧会の一枚の写真の前で、彼は**くぎづけになった。**

一目置く　今度の首相は野党からも**一目置かれて**いる。

二の足を踏む　プールに行きたいが、混雑を思うと**二の足を踏む。**

二つ返事　松岡さんに頼んだら、**二つ返事**で引き受けてくれた。

☞このポイントを押さえておこう

- 「**脈がある**」は「まだ期待できる。可能性が残っている」状態。
- 「**しのぎを削る**」は「勝つために激しく争う」こと。
- 「**拍車をかける**」は「進行を早める」。
- 「**影も形も（ない）**」は「残っているはずのものがすっかりない」。
- 「**非の打ちどころがない**」は「完全で欠点がない。すばらしい」。
- 「**水を差す**」は「うまく進んでいるときに邪魔をする」。
- 「**くぎを刺す**」は「確認しておく。念を押す」。
- 「**くぎづけになる**」は「心を奪われて（夢中になって）動けなくなる」こと。
- 「**一目置く**」は「相手が優れていることを認め、敬意を払う」という意味。
- 「**二の足を踏む**」は「ためらう。する決心がつかない」。
- 「**二つ返事**」は「迷わないですぐ承知すること」。

§ 慣用表現⑤

例文で使い分けを整理しよう

ごまをする　先生にいくら**ごまをすっても**、テストの点は良くならない。

お茶を濁す　大臣は女性とのスキャンダルを追及されて、**お茶を濁した。**

尾を引く　新婚旅行のときのけんかは、後まで**尾を引いた。**

酸っぱい　口が**酸っぱくなる**ほど注意したのに、また忘れ物をした生徒がいた。

よほどのこと　これは頑丈ですから、**よほどのこと**がなければ壊れません。

たかをくくる　相手は弱いと**たかをくくって**いたら、意外と強かったので慌てた。

きりがない　上を見れば**きりがない**し、下を見てもきりがないから、人をうわやましがってもしかたがない。

この分　**この分**でいくと、8時の電車には間に合いそうもない。

なん　立ち話も**なん**ですから、喫茶店にでも入りましょう。

居ても立っても　妹の乗った飛行機が落ちたと聞いて、**居ても立ってもいられず**、さっそく現地に
駆けつけた。

☞このポイントを押さえておこう

- 「**ごまをする**」は「自分の利益になるようにお世辞を言ったりする」。
- 「**お茶を濁す**」は「その場をごまかす」。
- 「**尾を引く**」は「影響が残る、続く」。

- 「**口を酸っぱくする**」は[何度も言う」。
- 「**よほどのことがなければ**」は[普通の場合は。予想しないことが起こらなければ」。
- 「**たかをくくる**」は[実際は重要なのに誤解して軽くみる。軽視する」。
- 「**きりがない**」は[限界がない」。
- 「**この分でいくと**」は「この調子（ペース）で進むと」。
- 「**なんですから**」は「よくないので」という意味。
- 「**居ても立ってもいられない**」は「じっとしていられない。何もしないではいられない」という意味。

18

健考

知らずに摂取 命の危険も

卵、牛乳、大豆、小麦、ピーナツ、チョコレート…。これらを食べると湿しんや吐き気、下痢といった食物アレルギーを起こす人がいる。時には「アナフィラキシーショック」と呼ばれる急激なショック状態になって、命を脅かすこともある。

最たるものが「そば」。口にするのはもちろん、成分が鼻から入っただけでも発症するのは、ほかの食物アレルギーと違う怖いところ。

九万人の小学生を調べたら0.22%がそばアレルギーを持っていた。卵アレルギーの四分の一程度あるわけだ。

A子さん(28)も幼児期にアレルギーを起こして以来、そばを遠ざけていた。だが、社会人になって外食が増えるにつれショックを繰り返した。

問題の料理は、青椒肉系、チャーハン、混ぜご飯、ソーセージと様々。その度、意識低下と呼吸困難に陥って、四度も救急車で運ばれた。いくら検査しても、そば以外の原因（抗原）が見当たらない。四回の食事に共通していたのがコショウ。そば粉は風味が良く、調味料、ふりかけに無表示のまま含有されていることがある。そばの花のミツが混じったハチミツや、サラダのドレッシングに含まれていたそば粉で、発症した例も報告されている。

「恐らくA子さんも、コショウにそば抗原が混入していたのだろう」と独協医大呼吸器・アレルギー内科講師の沼尾利郎さんは推測する。

原因が判明しにくいのは食物だけではない。

昨年、意識がもうろうとして救急車で同科にかつぎ込まれたB子さん（57）。その日、歯科で虫歯に詰められた根管治療剤（パラホルムアルデヒド製剤）だった。この製剤は「シックハウス症候群」の主原因でもあるホルムアルデヒドガスを少しずつ発生する。

「薬剤ショックは急性が大多数だが、発症までに数時間かかった珍しい例」と沼尾さん。
「まさか、歯の治療で命を失いかけるなんて」とB子さん。極めてまれだが、その「まさか」が怖い。「アナフィラキシー」とは[無防御」という意味だ。(前野一雄)

§ 接続表現　ほかの言葉で言いかえる

すなわち、とりもなおさず、つまり、いわゆる、要するに、結局

例文で使い分けを整理しよう

すなわち　今から来年の3月まで、**すなわち**今後半年間を新しい仕事のための準備期間にしようと思う。

とりもなおさず　政治を良くするということは、**とりもなおさず**政治家と金の問題を解決することだ。

つまり　6月から7月にかけての雨の多い季節、**つまり**梅雨が終わると、急に暑くなる。

いわゆる　働きすぎが原因で死亡する。**いわゆる**「過労死」が大きな問題になっている。

要するに　彼は、忙しいとか体の調子が悪いとか言っているが、**要するに**やりたくないんだ。

結局　わからないことがあったので、いろいろな人に聞いてみたが、**結局**わからなかった。

☞このポイントを押さえておこう

●「**すなわち**」は前の文=後の文。「**とりもなおさず**」は「すなわち」と置き換えることもできるが、同じであるということが強調される。「**つまり**」は「すなわち」より結論や説明を言う意識が強い。「すなわち」と入れかえられることが多いが、文や句の初めに来るときは「つまり」を使う。「**いわゆる**」は比較的新しく作られた言葉,流行語、俗語などの名詞に言いかえるときに使う。一般的な言葉に言いかえるときには使えない。

●「**要するに**」は大切な点に絞ってまとめて結論を言い。「**結局**」は最終的にどうなったかを言う。言葉の言いかえ、「父の兄、つまり伯父」のような使い方はできない。

19
他人が住みついている日本人の心

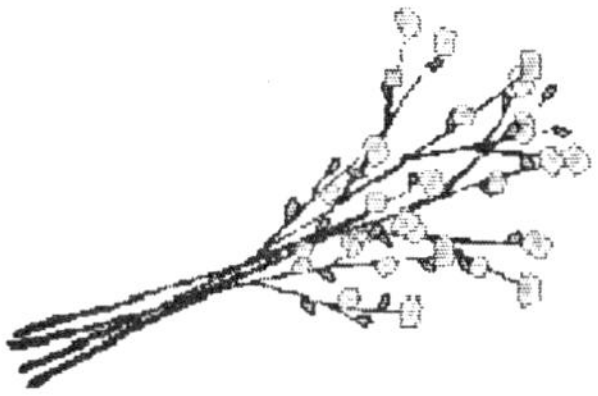

日本人の視点は、その過程で他者を自分のなかに住まわせていく。だから、他人との繋がり(間柄=間人)を生活意識の中心にもちつつ、西欧的な個人主義を信奉し実践しようとすれば、破綻する。間人主義と個人主義は対立し、その中道をみつけることが難しい。 それは日本語が西欧語と対蹠的な関係にあるからだ。

客観化をめざして、「全知視点」をとろうとすると、宙に浮いてしまうのが日本語というものなら、徹底的に主観的な文学の作り方に「私小説」といわれるジャンルがある。これはただ「私」が主人公である小説なのではなく、私、すなわち作者という読みかえが常に可能な作品で、少なくともそこには誰が語っているかという、声の曖昧さの問題はない。

私小説が常に真実を語っているかというと、無論、人は誰でもウソはつけるから、結局、作家が本当のことをいいたくなければ割愛したり、本当でないことをいったりもする。

また「作品」としての芸術的な判断、たとえば主題やモチーフの統一性や有機性、均衡・調和といった、文学的効果についての配慮は当然だから、個々の作品が作家の日常をそのまま反映しているわけではないが、新しい可能性に向かって書かれる作品よりも、おのれの過去に立ちかえる、閉鎖的な作品になりがちだから、批判もされてきた。

しかし、「話し手の言葉」という日本語の本質からして、「わたし」「ぼく」などが語る文章は、少なくとも真実らしさを備えているのだ。私小説作家が、これを逆手にとらないはずはなく、おのれの現実との鬼ごっこか、いたちごっこに終始する作品を書き続けることが可能だ。それが文学であるかないかは、個々の作品の芸術性、一口で言えば効果の問題だろう。太宰治の作品は、その文学性ゆえに、私たちの心を打つのだ。

いずれにしても、日本語に関するかぎり「わたし」「ぼく」を語り手にもつ作品は、もたないものよりも文学的効果が高いと思われ、作家がこれを使わない手はない。

大江健三郎が作家として書き出したころ、さかんに西欧的な客観化を試みたのが、結局は効果的でないことに気づき、最近では「ぼく」を語り手にもつ作品に終始しているのは、言葉の感性が豊かな作家の当然の帰結なのだといえる。大江の主人公「ぼく」にも、もちろんたくさんの他人が住みついている。この「ぼく」という人間こそ、戦後の西欧の実存主義などの日本的な発展なのだ。

§ 譲歩

にしても ・ といっても ・ とはいえ ・ といえども・もさることながら

にしても

意味　たとえ～でも

例文　旅行に参加する**にしても**、場所と予算が決まっていないなんて困るわ。

パーティーに出席する**にしても**しないにしても、返事は早目に出してください。

といっても

意味　たとえ～でも

例文　お酒を飲む**といっても**、ほんとにたしなむ程度です。

言葉が違う**といっても**同じ人間なのだから心は通じるはずだ。

とはいえ

意味　たとえ～でも

例文　もう春分だ**とはいえ**、朝晩はまだ冷え込みます。

いっしょに住んでいる**とはいえ**、あの二人はまだ結婚していないそうだ。

といえども

意味　たとえ～でも

例文　事故で家族を失った**といえども**、彼女はひとりで生きていかねばならない。

何人**といえども**、法の下では平等である。

もさることながら

意味　(～も)そうだが

例文　運動能力**もさることながら**、彼女の行動力にはいつも驚かされる。

仕事と家庭を立派に両立させている彼女**もさることながら**、その彼女を陰で支えている夫も偉い。

20

近くても異文化

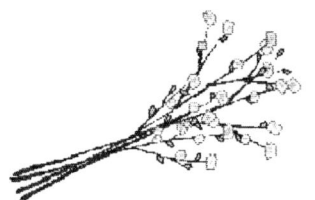

日本に似た風景

はじめて韓国を旅行してきた私の教え子たちは、実にはればれとした顔で「先生、韓国と日本は何もかも同じなんですね。ショックでした」というが、ショックどころか大変うれしそうであった。

たしかに彼らのいう通り、日本人にはなじみの観光地であるアメリカ大陸やヨーロッパ諸国にくらべると、韓国で見出されるもののすべては、日本と違わないと映るであろう。ごたごたした町並み、その中をせわしく往来する同じ顔つきの人々、稲の穂なびく小規模の田園風景など、だまって歩いている限り、日本人に異国を感じさせるものは韓国には少い。

自然や風景ばかりではなく、生活様式や身の廻りの品も日本と同種同類のものが多い。主食のごはん、みそ味のスープ、のり、豆腐のような食品をはじめ、部屋のタンス、座ぶとん、ふとん、スリッパのような住居道具にいたるまで、日本のものとまちがえられそうなものがいたるところに見られる。それに、生きた人間に接してみても、西洋人には見られないような、日本人と同種の遠慮深さがあり、目上に対する尊敬の念や目下に対する思いやりが感じられる。

このような類似点に気づいた日本人たちは、マスコミによって作り上げられた韓国のイメージが片寄っていたことへの反省も手伝って、ますます日本と韓国は何もかも同じだという結論を急ぐのであろう。

近さゆえのショック

私は日本の教え子たちが、いかにもうれしそうな顔で、日本と韓国の同一性について話してくれる時、実に複雑な心境なのである。この若ものたちは、一般の学生があまり関心を払わない燐国の言葉をあえて学ぶ決心をし、努力をかさねた後、その実力試しに、東海を越えて訪韓し、わくわくしながら自分の体験談を報告に来てくれているのではないか。そんな彼らにむかって「あなたは一体何を見てきたのか」と反論する勇気と冷静さを私は持っていない。

燐国文化や燐国人を正確に見抜く眼がないことは、彼らのせいではあるまい。日本の社会全体が長い間周囲の国々を無視してきたことのつけが、彼らにまわってきたにすぎない。他国や異った文化を持つ異民族を見るという訓練もなく、また、十分な予備知識も与えられていない彼らに、何日間かの旅行中に、韓国の本質を見抜けという方がどだい無理な注文かもしれない。

韓国に長く滞在する日本人は、例外なく、一度は激しいカルチャーショックにおそわれるという。まじめに韓国や韓国人を理解しようとする人であればあるほど、韓国文化への適応に苦しみ、中には食べものがのどを通らないほどの拒絶反応を起こした人さえいる。欧米のように極端に違う文化の中に適応しようとすれば、それなりの心構えができる。ところが、日本と韓国は外観はほとんど瓜二つといえるくらいによく似ており、その内容だけが違うわけである。無防備の状態でその相違点に直面した日本人は、大きなショックを受けることになる。

燐国間の正しいコミュニケーションは、いうまでもなく、お互いに相手の本質を正確に把握することによってはじめて可能となる。私は幸いにも韓国で生まれ、教育を受け、日本の社会で生活するという複眼的な視点を持つ立場にいると自負している。本章では、日本人が見落しがちな、日・韓の相違点に注目し、コミュニケーション・ギャップの根源を指摘しておきたいと思う。

派生形式

形容詞から他品詞へ、他品詞から形容詞への両方の例を挙げる。

1. イ形容詞＋～む→動詞

危うい→危ぶむ	痛い→痛む	いやしい→いやしむ
惜しい→惜しむ	悲しい→悲しむ	苦しい→苦しむ
親しい→親しむ	楽しい→楽しむ	尊い→尊ぶ
懐かしい→懐かしむ	憎い→憎む	ぬるい→ぬるむ
ゆるい→ゆるむ		

2. イ形容詞＋～まる→動詞

薄い→薄まる	高い→高まる	広い→広まる
早い→早まる	弱い→弱まる	

3 イ形容詞＋～める→動詞

痛い→痛める	薄い→薄める	清い→清める
狭い→狭める	高い→高める	低い→低める
早い→早める	広い→広める	細い→細める
丸い→丸める	ゆるい→ゆるめる	弱い→弱める

4. イ・ナ形容詞＋～がる→動詞

暑い→暑がる	痛い→痛がる	うるさい→うるさがる
書きたい→書きたがる	気の毒な→気の毒がる	苦しい→苦しがる

5. イ・ナ形容詞＋～過ぎる→動詞

赤い→赤過ぎる　美しい→美し過ぎる　遅い→遅過ぎる
強力な→強力過ぎる　せっかちな→せっかち過ぎる
丁寧な→丁寧過ぎる　派手な→派手過ぎる　有名な→有名過ぎる

6. イ・ナ形容詞＋～さ→名詞

質・量などの程度を表す名詞である。

甘い→甘さ　痛い→痛さ　うまい→うまさ
おいしい→おいしさ　重い→重さ　軽い→軽さ
可愛い→可愛さ　危険な→危険さ　きたない→きたなさ
怖い→怖さ　重大な→重大さ　太い→太さ
すがすがしい→すがすがしさ　親しい→親しさ
細い→細さ　まずい→まずさ　柔らかい→柔らかさ　若い→若さ

7. イ形容詞＋～み→名詞

前の「ーさ」にくらべて派生の自由が少ない。

暖かい→暖かみ　有難い→有難み　甘い→甘み
痛い→痛み　悲しい→悲しみ　苦しい→苦しみ
親しい→親しみ　苦い→苦み　丸い→丸み

8. イ形容詞＋～げ→ナ形容詞

怪しい→怪しげな　いぶかしい→いぶかしげな　羨ましい→羨ましげな
嬉しい→嬉しげな　恐ろしい→恐ろしげな　面白い→面白げな
甲斐甲斐しい → 甲斐甲斐しげな　か弱い→か弱げな
気難しい→気難しげな　苦しい→苦しげな　涼しい→すずしげな
眠たい→眠たげな　恥ずかしい→恥ずかしげな
まぶしい→まぶしげな　物珍しい→物珍しげな

9. 動詞＋～しい→イ形容詞

急ぐ→いそがしい　痛む→痛ましい　うとむ→うとましい
いらだつ→いらだたしい　うらむ→うらめしい　疑う→疑わしい

10. 動詞・イ形容詞・ナ形容詞＋～そう→ナ形容詞

「ない、良い」に注意すること。

行く→行きそうな　降る→降りそうな　良い→良さそうな
暑い→暑そうな　暖かい→暖かそうな　易しい→易しそうな
駄目な→駄目そうな　真面目な→真面目そうな
いやな→いやそうな　ない→なさそうな

11. 名詞・動詞＋～がち→ナ形容詞

雨→雨がちな　黒目→黒目がちな　ある→ありがちな
急ぐ→急ぎがちな　疑う→疑いがちな　忘れる→忘れがちな

12. 動詞+～やすい・　～にくい・　～づらい→イ形容詞

歩く→歩きやすい・歩きにくい・歩きづらい
聞く→聞きやすい・聞きにくい・聞きづらい
読む→読みやすい・読みにくい・読みづらい
分かる→分かりやすい・分かりにくい・分かりづらい

13. 動詞・イ形容詞＋苦しい→イ形容詞

見る→見苦しい　聞く→聞き苦しい
暑い→暑苦しい　狭い→狭苦しい

14. 動詞＋難い→イ形容詞

有る→有り難い　得る→得難い　去る→去り難い
忍ぶ→忍び難い　耐える→耐え難い

15. 名詞・動詞・イ形容詞・ナ形容詞＋～っぽい→イ形容詞

口語的でくだけた言い方。否定的価値判断を表すことが多い。

子供→子供っぽい　理屈→理屈っぽい　水→水っぽい

厭きる→厭きっぽい　怒る→怒りっぽい　忘れる→忘れっぽい

キザナ→キザっぽい　俗な→俗っぽい

16. 名詞・動詞・イ形容詞・ナ形容詞＋くさい→イ形容詞

否定的な価値判断を表す。

素人→素人くさい　泥→泥くさい　水→水くさい

こげる→こげくさい　てれる→てれくさい　陰気な→陰気くさい

いんちきな→いんちきくさい　めんどうな→めんどくさい

古い→古くさい

著者　李 癸 玉

・誠信女子大學校 日語日文學學科 卒業
・韓國外國語大學校大學院 碩士學位取得
・韓國外國語大學校大學院 博士學位取得

【博士學位論文】
『江戸語に現われた擬音語・擬態語の意味の研究』
ー黃表紙・洒落本・滑稽本・人情本を中心にー

-新改訂版-
スクスク伸びる上級日本語講読

초판1쇄발행 2004년 2월 28일
개정1쇄발행 2005년 1월 20일

저　자·이계옥
제　작·김성규
발행처·제이앤씨

서울 도봉구 쌍문동 358-4 성주B/D 6F
전화·(02) 992 / 3253
팩스·(02) 991 / 1285
E-mail: jncbook@hanmail.net
http://www.jncbook.co.kr | 한글 인터넷주소 //제이앤씨북

등록번호·제7-270
ISBN 89-5668-154-6 03730
정가 7,000원